¿CÓMO HACER UN PODCAST?

Preguntas y respuestas sobre el ecosistema del podcast

DIEGO MURCIA

> *.. para que todos nos convirtamos,*
> *yo el primero,*
> *nos convirtamos a esta palabra*
> *que exhorta,*
> *que anima,*
> *que eleva*
>
> *Monseñor Romero*
> *(Homilía 16 de octubre de 1977, I-II p. 282).*

PREFACIO

¿Qué es un podcast? ¿Por qué hacer podcasting? ¿Y qué cosas debés considerar antes de iniciar un compromiso tan serio? En este libro aprenderás una definición práctica sobre la naturaleza de la actividad podcastera.

Además, aprenderás algunas técnicas y reglas básicas de la producción de contenidos derivadas del periodismo y aplicadas a la creación multimedia. Por ejemplo, el equipo de podcasting necesario para producir un programa puede ser tan sencillo como un micrófono que graba en un portátil o un paquete de varios miles de dólares.

Sin importar cuál sea tu ruta de acción como podcaster, cada productor tendrá intenciones diferentes y no hay una respuesta única para el equipo que se debe comprar primero.

Aún así, esta guía desglosa los equipos de podcast esenciales que debés tener en cuenta para grabar tu show y algunas de las consideraciones esenciales que se aprenden haciendo. Ahora que, en última instancia debés tomar una decisión basada en tus objetivos de podcasting sin olvidarte de aquello que fue lo que te motivó, en primera instancia, a sentarte a hablar frente al micrófono.

Lecciones aprendidas, consejos útiles y algunos momentos de "ojalá hubiera sabido esto cuando empecé" sobre el podcasting

Dependiendo del género/concepto que vayas a desarrollar con tu *show*, hemos comprobado que los oyentes prefieren los debates genuinos y las charlas reales. Sienten que forman parte de la conversación, de la experiencia y del sentimiento de pertenecer a un grupo. Los programas extremadamente estructurados, guiados y rígidos pueden tener transiciones incómodas y parecer poco sinceros. La parálisis por el análisis que estos programas esquematizdos provocan al leer te mantendrá atascado y perderás naturalidad.

Otra cosa importante que recomendaría es que te pongás en contacto con otros podcasters o creadores de tu nicho y veas si están interesados en participar en tu programa, o viceversa. Aunque ten cuidado, porque puede que tengas que pagarles por aparecer en sus programas, dependiendo del tamaño de su audiencia o popularidad. Y es que, por desgracia, no hay mucha gente que te ceda un espacio por la bondad de su corazón, a menos que sea algo que les apasione.

También recomiendo tener una lista de ideas de temas para el programa y trabajar con unas semanas de antelación. Es decir, grabar un montón de episodios pero tomarse su tiempo para publicarlos. De este modo, siempre tendrás unos cuantos episodios nuevos listos para salir si te quedas sin voz o se produce alguna otra circunstancia de la vida que te impida grabar tus episodios.

No te abarates con los micrófonos. Es un gran error que cometí al principio.

Por último, sé que suena a tópico, pero haz tu podcast. Dejá de "tomártelo en serio" y de pensarlo todo. Simplemente hacelo. No me malinterpretes, sé intencional... pero planear es sólo planear y no sirve de nada si no se lleva a la acción. No dudes en enviarnos un mensaje si necesitas algo: murcia.diego@gmail.com

¡Buena suerte en tu viaje podcastero!

¿QUÉ ES UN PODCAST?

¿**P**or qué hacer podcasting? ¿Qué cosas debés considerar antes de iniciar un compromiso tan serio? Un podcast es una serie de episodios de audio o videos, donde una o más personas hablan sobre un tema concreto, como ciclismo, cómics, películas, etc. Pensá en algo así como un álbum de tu banda favorita, ese conjunto es el podcast. Las canciones que vienen dentro, esas son tus episodios. Podés suscribirte al programa con una aplicación en tu teléfono o computadora y escuchar los episodios cuando quieras desde tu aparato, en el coche o a través de los altavoces.

El podcasting es la combinación de dos tecnologías: un archivo de audio o video, como un archivo MP3 o un video de YouTube, y un mecanismo de entrega, llamado RSS Feed. Los podcasts pueden ser muchas cosas: programas de radio; tutoriales, seminarios, entrevistas, informes, narraciones, comentarios, etcétera.

¿POR DÓNDE EMPIEZO?

Cuando iniciamos en la Escuela del Podcast, no teníamos ni idea de por dónde andar. Leímos artículos en blogs, vimos vídeos en YouTube y preguntamos a otros podcasters, pero no pudimos encontrar la "receta perfecta" para empezar un podcast que funcionara para nosotros.

Lo primero que hay que decidir a la hora de empezar un podcast es qué hace que un podcast sea bueno. Hay muchos elementos diferentes como el tema, el formato y la voz. El tema determinará el tipo de contenido que tratará en su podcast. Si querés centrarte en un nicho determinado, como las finanzas o los juegos, debés elegir un tema que se relacione con tu audiencia.

El formato de tu podcast determinará el estilo con el que presentarás tu contenido. Por ejemplo, si querés compartir contenido educativo, puede optar por crear un podcast tradicional en el que hable de un tema específico durante una hora. Por otro lado, si querés compartir contenido entretenido y atractivo, podés decidir crear un podcast de estilo radiofónico en el que bromees con tus invitados durante unos minutos antes de pasar al tema principal del episodio. El formato de su podcast también determinará el estilo con el que presentará su contenido.

Un buen podcast es una conversación entre dos o más personas que tienen algo que decir sobre un tema específico. Esto no significa que tengas que tener una relación conflictiva con tus invitados, pero sí que debés ser capaz de conectar con ellos a un nivel más profundo. Si te sientes como si estuvieras hablando con una máquina cuando estás en un podcast, entonces probablemente no sea una buena opción para tu negocio.

Aunque se le llama la nueva radio, muchos podcasts escapan de las ataduras de los formatos radiofónicos tradicionales:

Pueden tener cualquier duración, desde un fragmento de noticias de 1 minuto hasta una entrevista en profundidad de 3 horas. Pueden tener cualquier frecuencia, desde la diaria hasta la mensual. El formato es variable: desde un simple programa en solitario hasta grandes producciones sonoras en la que participan varias personas.

Pero, la principal característica, a mi modo de ver, es que pueden cubrir cualquier tema, muchos de los cuales nunca llegarían a la radio.

iTunes es el principal mecanismo de entrega de podcasts de audio. YouTube es la contraparte del video. Podés descargar y escuchar podcasts en tu computadora, en tu teléfono, o cualquier dispositivo que reproduzca archivos de sonido y videos.

El principal objetivo de dar vida a un podcast es compartir información basada en una pasión o en una necesidad. Para mí, el podcast se convierte en la voz de una persona, un grupo o una idea institucional. Es decir, creamos un podcast porque creemos que tenemos algo importante que decir y que compartir con el mundo.

Sé que suena interesante tener tu propio programa, sin embargo hay algunas consideraciones que debés tomar al embarcarte en un compromiso como este.

El primero es que hacés el show para que alguien lo escuche, y, tal vez, te dé retroalimentación. En el momento en que reproduzcan tu primer episodio habrás sellado tu compromiso para preparar contenido para tu audiencia y ella estará esperando a que mandés el siguiente capítulo. Si fallás una vez, es posible que ya no volvás a saber de ellos. Aunque no lo creás, la constancia suele ser uno de los puntos críticos de la actividad podcastera. Muchos dejan de producir contenido de la noche a la mañana por la cantidad de trabajo que esto requiere, en especial en las primeras fases del podcast. Pero esto no debe desanimarte. A medida que vayás creando experiencia, irás dominando muchos pasos y harás todo más rápido y de una manera más eficiente.

Si va a hacer un podcast con regularidad, es una buena idea tener un coanfitrión. Esto permitirá que haya fluidez en el podcast gracias a la interacción de los presentadores. De esa manera, se mantendrán comprometidos entre sí y dentro del programa. También es una buena idea crear una hoja de cálculo de Google Docs de los temas que van a cubrir en cada episodio del podcast. Cada mes, antes del espectáculo, llenan estas categorías con contenido y enlaces asociados.

Siempre grabá más audio que la duración final del programa (por ejemplo, 45 minutos para un programa de 30 minutos), ya que editarás el ruido, los silencios prolongados y la charla de precalentamiento. Hacé la introducción al podcast al final; solo después de que se haya grabado todo el programa, sabrá todos los temas que se trataron.

Una de las opciones que tendrás que considerar para ahorrar tiempo, en especial al momento de editar, es realizar el show en vivo. Esto sin embargo tiene sus mañas. Casi todo el mundo se tropieza con las palabras de vez en cuando y los invitados pueden ponerse nerviosos. Pero, para eso estás vos al frente del micrófono. Ellos cuentan con tu profesionalismo y seguridad ante el micrófono para salir adelante con el programa.

Ahora, si optás por grabar tu *show*, deseás que tu podcast suene fluido y sin esfuerzo, necesitarás dedicar algo de tiempo a editar las pistas de audio. A menos que te volvás muy fluido al hablar y tus errores de dicción sean tan mínimos que no valga la pena corregirlos.

Otro punto a considerar es que a partir de hoy tendrás que ver con los oídos; es decir, tendrás que actuar en términos de sonidos. Un profesional del sonido solo permite que su audiencia escuche lo que tiene que escuchar, de lo contrario pierde la atención del escucha y eso puede significar la muerte de tu podcast.

Deberás tener especial cuidado con los ruidos que se generan a tu alrededor y a los que antes no prestaban atención. Puede haber un zumbido del sistema de refrigeración de fondo o el sonido de un camión de bomberos pasando, incluso, puede haber ruido generado por la corriente eléctrica de tus propios cables conectados a tu computadora o a tu interfaz de audio. Eso tendrás que resolverlo.

Ojo, en algunos lugares del mundo, por ley, debés obtener el permiso de una persona, verbalmente o por escrito, antes de grabarla. Tenés que consultar las leyes locales que te rigen para protegerse de futuras demandas.

Las entrevistas en persona facilitan el establecimiento de una buena relación con tus invitados. La desventaja es que todo se graba en la misma pista de audio, lo que dificulta la edición, por ejemplo, si uno de ustedes estornuda mientras el otro está hablando. La buena noticia es que hay programas de terceros que se pueden usar para grabar en pistas separadas, pero eso requiere de más conocimientos técnicos y capacidad de pago que tenés.

Si bien editar audio es mucho más simple que editar video, sigue siendo un componente importante de la producción de un podcast. Sin contar el tiempo de grabación, en mi experiencia, por cada minuto de grabación que va a ser editado, se necesitan 10 minutos de trabajo.

Después de la primera ronda de edición para

limpiar el sonido, es posible que desees reordenar los segmentos de tu podcast para que fluya mejor.

¿POR QUÉ QUERÉS HACER UN PODCAST?

Lo primero que deberás definir antes de empezar cuál es la motivación que vas a tener para invertir tiempo de tu vida en una actividad que, al principio, te dará dolores de cabeza y poco o casi nada de retribuciones. Es cierto, los podcasts se han hecho increíblemente populares en los últimos años. Son fáciles de producir, relativamente baratos a la hora de comprar equipos y pueden distribuirse a través de una amplia variedad de plataformas. Pero, ¿por qué los podcasts son una buena idea para su empresa? ¿Qué ventajas tiene un podcast frente a su competencia?

Los medios de comunicación tradicionales, como la radio, la televisión y los periódicos, han sido las formas dominantes de producción de contenidos a lo largo de la historia. Sin embargo, en la era de Internet, estas formas tradicionales de producción de contenidos se han visto desafiadas y ya no dominan el mercado de contenidos que se consumen en el mundo. En muchos casos, Internet ha proporcionado al público acceso a ellos de forma gratuita o a un coste menor. Como resultado, las formas tradicionales de medios de comunicación se han vuelto más difíciles de monetizar.Es aquí donde entran los podcasts, mismos que han demostrado tener la capacidad de llegar rápidamente a una amplia audiencia, con un coste mínimo o nulo.Los podcasts son un medio cada vez más

popular para difundir ideas, historias, noticias y opiniones. Con la facilidad de grabar y publicar contenido en línea, cualquiera puede convertirse en el anfitrión de su propio programa y alcanzar una audiencia global. Además, los podcasts permiten a los oyentes escuchar contenido a su conveniencia y en cualquier lugar, lo que los hace una opción conveniente y accesible para aquellos que buscan entretenimiento, información o educación en el camino.

Con un podcast, podés compartir tus conocimientos y experiencia, y construir una mayor audiencia de manera más honesta y orgánica. Podés utilizar un podcast para promocionar tus servicios hacia un público específico o para crear una audiencia a la que podás dirigirte más adelante.

Incluso si no pensás monetizar tu podcast, podés utilizarlo como estrategia de promoción gratuita para darte a conocer a ti y a tu negocio. Los podcasts son una forma estupenda de crear audiencia. La inversión inicial necesaria para poner en marcha un podcast es relativamente baja, y la cantidad de tiempo requerida es limitada. podés utilizar un podcast como una forma gratuita de promocionar tu negocio, y construir una gran audiencia con el tiempo.A la gente le encanta aprender de los expertos, y hay muchas posibilidades de que tu público esté interesado en escuchar tu podcast. Esto hace que la promoción de podcasts sea una estrategia excepcional para construir una audiencia. La promoción de podcasts también puede utilizarse para generar marketing gratuito para tu negocio. Al compartir tu podcast con personas influyentes en tu sector, podés generar una gran cantidad de tráfico de búsqueda orgánica y construir una reputación como autoridad en tu campo.

¿CUÁL ES EL VOCABULARIO DEL PODCAST?

¿Qué términos debo aprender para entender de qué hablamos cuando hacemos podcast? ¿Cómo se usan estas palabras y qué significan?

Las siguientes son un cúmulo de palabras y expresiones que suelen formar parte del lenguaje podcastero. A medida que te vayas familiarizando con el ecosistema, las irás incorporando a tu producción.

Entrada. Introducción a la pieza. A veces, la cabecera es narrada por un presentador o presentadora y no por el reportero. A veces se escribe "Intro". La cabecera proporciona un breve contexto o vincula la historia con un tema de interés periodístico o de actualidad. Ejemplo: Los latinos son la mayoría de los jóvenes de California. Así que hoy nos centramos en sus retos, porque su futuro ayuda a forjar el futuro del estado.

Nuestro programa de hoy forma parte de nuestra colaboración con NPR, llamada Una Nación Comprometida, que explora cómo desbloquear las oportunidades económicas para más estadounidenses.

Identificador: La forma en que el presentador o el reportero se identifican en el aire. La identificación puede ir después del título o al final del programa. Ejemplo: "Soy Sasha Khokha, y esta es la revista The California Report".

Narración. Es el guión que escribe y graba el reportero. La narración se escribe entre clips de audio y contiene hechos, citas indirectas, narración en primera persona y descripciones visuales. A veces se llama Voice Over, o V.O. para abreviar. Ejemplo: La biblioteca del colegio cierra pronto, así que el viaje en autobús a la biblioteca pública es su única opción. Rosy es hija de trabajadores agrícolas... y muchas familias de aquí dependen del autobús para hacer la compra, ir al médico o ir a la escuela. A veces eso significa caminar uno o dos kilómetros por un camino de tierra hasta una parada de autobús que no es más que un palo en la arena... sin banco, sin sombra, para protegerse del calor del desierto.

SOT: Acrónimo de Sound On Tape. Puede ser una entrevista, un sonido ambiental o una cinta de escena.

Sonido ambiental. A menudo abreviado como "ambi" en los guiones, el sonido ambiente se refiere a los sonidos que el oyente escucha del entorno en la historia además de las entrevistas grabadas. Puede incluir sonidos de motores, campanas, charlas, etc. Suele escribirse en cursiva para diferenciarlo del resto del guión. Ejemplo: AMBI 1-- Suena la campana, los niños empiezan a salir

Entrevista. Es el término radiofónico para referirse a una entrevista grabada o a un "fragmento de sonido" que se incluye en el reportaje. Suele escribirse en negrita para diferenciarlo del resto del guión. Ejemplo: ROSY: Suelo llamarme Rosy. Voy al instituto Desert Mirage, tengo 16 años, soy junior Um, bueno voy a la Meca, a la biblioteca, a la biblioteca pública, porque no tengo acceso a internet en mi casa. Es un poco molesto tener que ir allí, cada semana sólo para poder hacer mis
deberes,

Escena: Las escenas no son obligatorias, pero pueden aportar mucho a una obra. ¿Qué es una escena? Es básicamente una grabación de algo que sucede en acción. Si estás escribiendo un artículo sobre el voluntariado en un albergue para personas sin hogar, podés crear una escena grabándote a ti mismo interactuando con la gente del lugar. O si estás escribiendo un artículo sobre tu equipo de fútbol, graba al entrenador dando una charla de ánimo antes del partido. Las escenas introducen al oyente en la acción de la historia.

Tono de la sala: El tono de la sala es el "sonido" de la habitación en la que va a realizar la entrevista. Todos los lugares tienen un zumbido único o un sonido de fondo (ventiladores, ordenadores, charlas tranquilas, etc.) que crean un marcado contraste con el audio limpio del estudio donde se grabará la pista de narración. Los reporteros profesionales siempre recogen entre 90 segundos y 2 minutos de tono de la sala antes de la entrevista para mezclar el audio.

CONSEJOS GENERALES DE GRABACIÓN

Graba preferiblemente con micrófono profesional o semiprofesional y una interfaz igualmente profesional o semiprofesional. Algunas marcas recomendadas conocidas son Zoom y Tascam. También podés grabar con un teléfono inteligente.

Graba en mono y en formato .wav o .mp3 (preferiblemente .wav).

Graba en estudio o, en su defecto, en habitaciones que tengan cortinas de tela, alfombras, colchones, ropa u otros elementos de telas gruesas. Este material ayuda a evitar el eco en las grabaciones y a reducir el ruido que pueda entrometerse desde otras habitaciones.

Si tu equipo de grabación tiene monitor visual de grabación en el computador o en la pantalla, intenta que los audios no superen los -12 decibeles para evitar distorsiones.

Evita grabar con la boca apuntando directamente al micrófono de tu equipo de grabación. Se consigue un sonido más limpio cuando el micrófono está posicionado de lado con respecto a la boca de la persona que está hablando. De esa manera evitas que se cuelen respiraciones, que interfieren con la locución, y otros sonidos como el popeo y el seseo, que los micrófonos suelen captar con mucha facilidad.

Pon el micrófono o tu equipo de grabación en una superficie plana, que no se mueva mientras grabes. Evita manipularlo mientras estás grabando. Ponlo a unos cuatro dedos (horizontales) de distancia de la fuente de sonido que se está grabando (tu boca, en el caso de las locuciones).

Graba una prueba antes de la primera toma para escuchar y descubrir si hay algún sonido en el ambiente que esté interfiriendo con la grabación.

Si vas a grabar con un teléfono inteligente, te recomiendo buscar opciones actualizadas de las mejores aplicaciones para grabar en tu dispositivo. Y hablando de esto:

¿CÓMO LA GENTE ELIGE QUÉ NUEVO PODCAST ESCUCHAR?

1. En primer lugar, se fijan en el nombre y la portada. Tienen que ser pegadizos. Si no, elegirán otro podcast de su nicho.

2. Luego van a ver cuántos episodios tienes

ya. Si hay uno o dos, piensan que tu podcast no es lo suficientemente fiable (podés cerrarlo accidentalmente), o que probablemente cometes errores típicos de un novato (mal sonido, ponentes desconocidos y poco interesantes, etc). Es importante. Todavía no han escuchado tu podcast.

3. Si los dos puntos anteriores estaban bien, se fijan en la prueba social (cantidad de likes, shares y reviews). Si hay algunas, significa que otras personas han probado tu contenido, por lo que el nuevo oyente se siente seguro y cree que hay más posibilidades de que a él también le guste tu contenido.

4. Disposición de las notas del programa. Si hay un muro de texto ilegible, diez enlaces sin orden y demás, distraerá a tu nuevo oyente de escucharte.

5. Sólo si has pasado las "pruebas" anteriores, el oyente comprobará tu sonido.

Si tienes otras dudas, pregunta por favor.

¿CUÁLES SON LOS PATRONES BÁSICOS DE GRABACIÓN Y PARA QUÉ SE USAN?

Como productor de podcasts, es importante que conozcas los patrones polares de los micrófonos y cómo pueden afectar la calidad del sonido de tu podcast. Un patrón polar es el espacio alrededor de un micrófono en el que capta el sonido o es más sensible al mismo. Estos patrones pueden visualizarse en un espacio tridimensional. Los diferentes micrófonos tienen diferentes patrones polares, y estos patrones juegan un papel importante a la hora de determinar sus mejores usos.

Los patrones polares más comunes son los siguientes:

1. Unidireccional: Este patrón polar capta el sonido desde una sola dirección y es ideal para grabaciones en solitario o entrevistas cara a cara.

2. Cardioide: Este patrón polar es más sensible al sonido que proviene directamente frente a él y menos sensible al sonido que proviene detrás. Este tipo de micrófono es ideal para grabaciones en solitario o entrevistas cara a cara.

3. Omnidireccional: Este patrón polar capta el sonido desde todas las direcciones y es ideal para grabaciones grupales o en vivo.

4. Bidireccional: Este patrón polar capta el sonido desde dos direcciones opuestas y es ideal para entrevistas cara a cara o grabaciones de diálogos.

Es importante tener en cuenta que cada patrón polar tiene sus propias ventajas y desventajas, y que la elección del micrófono adecuado dependerá del tipo de grabación que estés haciendo. Por ejemplo, si estás grabando una entrevista cara a cara, un micrófono cardioide o bidireccional puede ser la mejor opción. Si estás grabando una conversación grupal, un micrófono omnidireccional puede ser más adecuado.

En resumen, los patrones polares de los micrófonos juegan un papel importante en la calidad del sonido de tu podcast. Asegúrate de elegir el micrófono adecuado para tus necesidades y objetivos.

¿CUÁNTO TIEMPO DEBE DURAR UN PODCAST?

No existe el término "demasiado largo", sino "demasiado aburrido". He escuchado podcasts de 5 minutos que parecían una hora, y podcasts de una hora que parecían 5 minutos. Se trata de dar contenido de calidad.

En su momento, leí que 40-50 minutos era el punto óptimo. Creo que eso se basaba en el tiempo medio de desplazamiento en auto al trabajo. Los podcasts que disfruto, la mayoría duraban entre 60 y 90 minutos.

Ahora, el programa que estés conduciendo debe ser tan largo o corto como sea necesario, pero sin forzarlo. Para que no se te vaya de las manos, antes de pulsar el botón de grabación, piensa en lo que vas a decir, y luego dilo y pulsa "stop". Un podcast tiene, sí o sí, una introducción y un final y ya está.

¿No crees que la gente quiere ir al grano? Claro que sí, por eso *Netflix* se inventó el botoncito que aparece cuando vas a "Próximo Episodio", con el que uno se salta el intro en muchas series y avanzar directamente hasta "lo bueno".

Quizá una pregunta mejor sea: ¿Cuánto tiempo podés mantener la atención de alguien? Tengo episodios que produje hace 10 años que todavía se escuchan. Y es que uno de los mayores poderes del podcasting es que tu contenido se está desplazado en el tiempo sin que tú lo estés creando de forma continua. podés escucharlo cuando quieras, donde quieras, en lo que quieras.

Entonces, ¿cuándo te va a escuchar tu audiencia sin dudarlo? Cuando haya valor en tu contenido, no antes.

¿CÓMO PREPARO A MIS INVITADOS PARA QUE HAGAN UNA GRABACIÓN CASERA?

Muchas grabaciones de podcasts se estropean porque no fueron planificadas desde el principio. A veces trataremos de reparar esos daños en post producción, pero en ocasiones eso no funcionará. Para obtener una grabación de sonido y de video decente, y reducir la cantidad de dolores de cabeza por cuestiones técnicas futuras, deberás procurar que tú o tus clientes sigan las siguientes indicaciones:

¿Qué aspectos técnicos debés tomar en cuenta antes de realizar una entrevista? Utilizá auriculares independientes y desactivá la opción de cancelación de eco en pantalla antes de acceder a la sala de grabación virtual. Utilizá un micrófono externo y auriculares separados (si es posible). Esto evitará que tu voz y la de los entrevistados se tropiecen mutuamente. Si no tenés, podés utilizar otras opciones con cable (por ejemplo, una combinación de micrófono y auriculares para smartphone). En la medida de lo posible, hay que evitar los auriculares inalámbricos puestos que estos reducen la calidad de la grabación. Intentá reducir el ruido de fondo para la grabación (si va a haber obras en el exterior de tu casa, quizá sea mejor reprogramar la grabación para otro día y hora. O cambiá de sala). Utilizá las instrucciones de la sala de grabación virtual cuando te conectés para realizar pruebas con el equipo (simplemente seguí las instrucciones en pantalla para que todo funcione adecuadamente).Durante la grabación, cerrá todas las pestañas y aplicaciones del navegador que no sean esenciales para tu entrevista o exposición.

No usar wifi a menos que sea estable y usar un programa como *Zoom o StreamYard*. Siempre les digo a mis invitados que se aseguren de estar en una zona tranquila. Siempre usan sus teléfonos y creo que suena bien.

Pídeles que se aseguren de usar auriculares y que se sienten en una habitación con el mayor número posible de muebles de superficies blandas. Si podés, dales algunos consejos sobre la técnica del micrófono; pídeles que traten de mantenerse a una distancia constante del micrófono o del ordenador portátil. Eso te dará una mejor plataforma para trabajar en la edición.

Pídeles que mantengan el micrófono a una distancia de entre 15 y 20 centímetros de su boca. Cuando grabo entrevistas para clientes, las únicas dos cosas que pido al invitado es que lleve auriculares si los tiene y que no golpee ni juegue con las cosas de su escritorio.

Cualquier micrófono de diadema sirve. Si llevan auriculares, les pido que mantengan el cable alejado del cuerpo. Ten cuidado con los hombres con barba, los auriculares chocan con la barba y se produce un sonido horrible que básicamente no se puede arreglar.

Si usas un micrófono de portátil, sonarán distantes y con eco si lo hacen. Pero un poco de postproducción y pueden sonar tan bien como alguien que usa un micrófono independiente. Las alfombras o moquetas son geniales, pero si mantienen el micrófono cerca de su boca, entonces no se notará realmente el sonido de la habitación, a menos que estén en un espacio como un baño. He grabado cientos de entrevistas a distancia en el pasado y mientras usen unos auriculares decentes, *airpods* o audífonos con un micrófono a 15 o 20 centímetros de su boca, suenan lo suficientemente bien.

No dependas de una app para grabar (*Zoom, Skype*, etc.), graba localmente. Utiliza una aplicación de extremo a extremo para ello.

Micdropp, por ejemplo. Como mínimo, haz que tu invitado grabe en una nota de voz en *iOS* o algo similar para Android. Luego, una vez concluida la entrevista, haz que te envíe su archivo de audio. Así obtendrás el mejor audio sin pérdidas ni fallos digitales.

El factor más importante para obtener un sonido de calidad es asegurarse de que el invitado utilice auriculares. La cancelación del eco, al igual que el bluetooth y el *Zoom*, son destructores del audio y no pueden deshacerse. La acústica juega un papel importante en la calidad del sonido, pero es algo sobre lo que tenemos poco control. Prefiero que el cliente haga la entrevista donde se sienta más cómodo y tenga la mejor conexión a Internet.

En última instancia, creo que una grabación decente de una gran conversación es mejor que una gran grabación de una entrevista mediocre. Queremos que sea lo más fácil posible para el invitado y que todo el mundo esté cómodo y sin estrés para la entrevista.

¿CUÁL ES EL SECRETO DE UNA BUENA ENTREVISTA?

¿Cómo debe comportarse el entrevistador frente al micrófono? El 90% de tu actividad podcastera girará en torno a las entrevistas que hagas a tus invitados. Es por ello que necesitas dominar este género periodístico para obtener contenido de calidad.

Una entrevista es una conversación dirigida, con un objetivo en mente: extraer información de la persona invitada a hablar frente al micrófono. Pero, seamos honestos, esto no es un trabajo para cualquiera. Hay gente que se siente más cómoda contestando preguntas que formulándolas.

Se trata de sentirse cómodo con uno mismo. Una hoja de ruta te dará paz mental de por dónde querés llevar a tu entrevistado. Ahora, hay que tomar en cuenta las siguientes verdades:

1. El podcasting trata de un tema de nicho, un tema que te toca a nivel personal. Por eso has empezado a hacer podcasting. No te estresés por cómo saldrá la entrevista, sabés de lo que estás hablando.

2. Si no sos un entrevistador dotado, escribí tus preguntas, respondiéndote a vos mismo estas dos preguntas:

a. ¿Qué es lo que quiero saber de mi invitado?

b. ¿Qué es lo que quiero que sepa mi público sobre mi invitado?

3. Al hacer tu investigación sobre qué preguntar a tu invitado te puede pasar esto: Todas las preguntas que tenés en mente, han sido respondidas antes. No te preocupés. Cogé papel y bolígrafo y escribí las más interesantes y mira cómo las han contestado. Dependiendo de la respuesta que hayan dado, vas a darte cuenta de que siempre hay lugar para una nueva pregunta sobre una idea que no fue respondida del todo. O si la respuesta fue escueta, siempre podés hacer una repregunta sobre algo que te llamó la atención.

La mejor entrevista es aquella en la que las preguntas forman parte de una conservación. Para ello te recomiendo:

1.) Mantener una conversación. Prestá atención a lo que ocurre con tus entrevistados, lo que están diciendo con su boca y con su cuerpo. Fijáte en cómo lo están diciendo. Interactuá con ellos como lo harías con tu mejor amigo, en lugar de convertir la charla en un interrogatorio.

2.) ¡Preparáte! Conocé las áreas que querés cubrir específicamente y las preguntas que definitivamente querés hacer.

3.) No te casés con tus preguntas. Puede que digan algo interesante en lo que no habías pensado y de lo que claramente tus invitados quieren hablar. Prepárate para desviarte un poco de tus preguntas para seguirles por esa madriguera.

4.) No hagás preguntas de sí o no. Intentá que las respuestas que buscás sean abiertas, para que podás obtener profundidad y reflexión.

5.) Estudiá a tu invitado hasta el cansancio. Prepará más preguntas de las que podás hacer en el tiempo que tengás asignado. Siempre podés reducirlas sobre la marcha y, cuando el tiempo empiece a correr, eliminá las que sean menos importantes, pasálas al final de la fila, o tachálas sobre la marcha porque ya fueron respondidas.

6.) Escuchá. No te desesperés por hacer tu siguiente pregunta. Prestá atención a lo que dicen, ya que eso te da la oportunidad de hacer un seguimiento y de entrar en otras áreas que no habías pensado o considerado en un principio.

7.) ¡Dejá que hablen! El instinto es querer evitar el aire muerto y los silencios incómodos, pero te sorprendería lo que la gente comparte si se le da un poco de espacio, especialmente cuando se habla de algo que ocurrió en su pasado. Este espacio da a tu invitado la oportunidad de recordar pequeños detalles que no podrían recordar en una conversación de ritmo rápido. La belleza del formato de podcast es que podés editar el espacio en el que la gente está reuniendo sus pensamientos.

8.) Hacéles preguntas concretas sobre su experiencia personal. En lugar de: "¿Cómo fue el rodaje de la película equis?", preguntá "¿Cuál fue tu parte favorita del rodaje de la película equis?" o "¿Hay algo que te hubiera gustado hacer de forma diferente para equis?".

9.) Por último, siempre es una buena idea terminar cualquier conservación así: ¿Hay algo que te gustaría agregar? ¿Alguna pregunta que no te hice y que creés que sería importante discutir?

Con el tiempo, la repetición te dará práctica y experiencia. Esto terminará dándote confianza en tus propias habilidades para entrevistar.

¿CUÁLES SON LAS PREGUNTAS IMPRESCINDIBLES EN UNA ENTREVISTA PARA OBTENER LO MEJOR DE LOS INVITADOS?

Aunque no resulte tan obvio, hay cosas que los grandes entrevistadores de nuestro tiempo hacen antes, durante y después de una entrevista. Acá te decimos cuáles son y por qué se hacen.

El género de las entrevistas es uno de los más vilipendiados de las ciencias de la comunicación. Y eso que es la base de muchos otros géneros. Sin ella no se puede hablar de reportajes, libros, blogs, revistas, documentales, etcétera. Muchas veces se abusa de ella para exponer a otros al ridículo o para enaltecer los dones histriónicos del entrevistador en su afán por convertirse en una estrella de la cámara o el divo del micrófono que todo lo sabe.

El verdadero uso de la entrevista es el de la reconstrucción de la verdad. Es una herramienta que sirve para develar cosas que no están tan a la vista o que han sido investigadas a medias.

El entrevistador profesional no se sienta a hacer preguntas a lo tonto nada más porque sí. Hay que hacer una investigación previa sobre la persona entrevistada para saber lo que ha dicho o lo que se ha dicho sobre ella y sobre el tema por el que se le está entrevistando.

Cuando se ha explorado la mayor parte de sus discursos, procedemos a llenar los vacíos informativos que encontramos con una serie de preguntas que exploren aquello que no está claro. Por ejemplo, si el entrevistado ha escrito un libro sobre las hamburguesas que se consumían durante la recesión estadounidense y este ha estado en el mercado por más de un año, es probable que mucho se haya escrito sobre la publicación. En ese caso, conviene leer el libro antes de intentar realizar una entrevista para hablar sobre dicho texto. Hecho esto, establecemos una batería de preguntas que -posiblemente- no fueron exploradas con profundidad. Esto será un mapa que nos alejará de hacer preguntas obvias sobre, por ejemplo, de qué trata el libro, cuántas páginas tiene, o por qué decidió escribir un libro sobre hamburguesas… Eso, posiblemente, está explicado en el prólogo del libro.

Hacer preguntas obvias denota falta de interés en el entrevistado y ellos lo notan de inmediato. Cuando esto sucede, el material que se obtiene, es de muy mala calidad. Carece de profesionalismo. Lo peor, tu audiencia se da por enterada de que no sos una fuente confiable y que no merecés que inviertan su tiempo en vos.

ASÍ NO SE HACE UNA ENTREVISTA

A principios del mes de abril, una televisora guatemalteca que recién inaugurada un espacio de entrevistas de profundidad, invitó al presidente de ese país, Jimmy Morales a hablar sobre una consulta popular que se llevaría acabo a mediados de dicho mes, para definir la situación territorial en la que se encuentran enfrentados Guatemala y Belice y saber si el pueblo decide llevar o no el asunto ante una corte internacional. La entrevista dura poco menos de media hora, pero desde el principio hay sendos encontronazos entre el mandatario y la entrevistadora.

El sabor de boca que me deja esta entrevista es que, por un lado, la entrevistadora no estaba lo suficientemente bien informada sobre el tema como para poder plantear de forma exacta las preguntas que debía hacer el mandatario. Me da la sensación de que la estrategia que utilizó no fue la más certera, parecía estar dándole vueltas al tema y no se decidía a señalar el meollo del asunto, que era el sinsentido de gastar dinero público en un evento que no prosperaría en las urnas y que, más bien, toda esta campaña publicitaria no era más que una estratagema de Morales para acrecentar su populismo ante la opinión pública. Al final, el presidente guatemalteco, haciendo uso de toda la arrogancia del mundo, manejo la entrevista a su antojo y poco o nada de sustancia arrojó sobre la mesa de discusión. Para cuando se acercaba el fin del espacio informativo, el presidente decidió terminar de golpe la entrevista y largarse del estudio. Escuchemos un fragmento de esta entrevista y como el mandatario guatemalteco decide ignorar a la entrevistadora, y se apodera de las cámaras para imponer su discurso político.

Quería hablarle sobre esto porque esta situación regala una gran lección que podemos aplicar a nuestras actividades diarias, ya sea que te estés preparando para escribir un guión, un artículo o, incluso, para una reunión de trabajo. Con esto hemos aprendido que la entrevista es un juego intelectual. En cierta ocasión tuve que escribir una historia sobre un asesinato que quedó impune tras la firma de los acuerdos de Paz a los que se comprometió mi país tras doce años de guerra civil. Como parte del cese de fuego, muchos crímenes de guerra no fueron perseguidos, pero eso no significa que sus autores no sean conocidos.

El crimen en cuestión fue, presumiblemente, cometido por un alto funcionario de gobierno durante un concejo de guerra. Años más tarde, los hijos del ajusticiado empezaron a realizar una campaña exigiendo el público reconocimiento de los hechos y pedían saber la ubicación del cadáver de su padre, pero el funcionario se negaba a hablar sobre el tema con los medios. En cuanto algún reportero intentaba abordarlo sobre ello, el hombre salía huyendo sin decir palabra.

Yo decidí hacer una entrevista para obtener algunas declaraciones sobre el asunto aprovechando que lo vería en la inauguración de un programa de protección civil que él presidiría y al que nos había convocado como medios. La estrategia era endulzarle el oído con la información de cajón que necesitaba para una nota de relleno sobre el programa, pero mis últimas dos preguntas fueron una mordida a la yugular.

Al final, acorralado, el funcionario terminó dándome el material que necesitaba para la verdadera nota que yo perseguía. Yo sabía que no se podía negar puesto que estaba hipnotizado desde el principio. No estoy diciendo con esto que todos los entrevistados deben ser tratados como criminales de guerra, pero sí que todos los entrevistados merecen ser estudiados para determinar un plan de abordaje.

En otras situaciones, el entrevistado no contestará a nuestras preguntas y se empeñará en contestar lo que a él o a ella le interesa comunicar. Esto suele suceder, en especial, con las personas de vida pública, a quienes les interesa tener una agenda dominante en los medios que se lo permitan. Estas personas intentarán evadir las respuestas que les sean incómodas y contestarán algo completamente diferente a lo que nos interesa saber. De igual forma, buscarán guiar la entrevista hacia los puntos que desean publicitar. En ese momento, el entrevistado deberá sacar entereza y hacer uso de la repregunta. No importa cuánto se avance en una entrevista, si no se ha conseguido la respuesta deseada, o si esta no queda suficientemente clara, se vale volver atrás y repreguntar.

CONSEJOS PARA SACAR LO MEJOR DE TU ENTREVISTA

Siempre es imprescindible preguntar "¿hay algo más que te gustaría compartir?". Al final de la entrevista, para darles la oportunidad de hablar de algo que quizá no se te haya ocurrido preguntar. Además, podés cerrar cada entrevista con "¿cómo puede la gente ponerse en contacto contigo y tienes algo que promocionar?".

Piensa de forma diferente. Escuche al invitado como alguien que nunca le ha oído hablar antes. Intenta evitar las preguntas enlatadas. Así te mantendrás alerta y tus entrevistas serán frescas. Nunca hagas las mismas preguntas a los invitados. Todos tienen un enfoque nuevo basado en quiénes son, qué hacen y por qué estás hablando con ellos en ese momento concreto.

Para obtener lo mejor de tus invitados, no

tengas preguntas "de rigor". Ten un marco de preguntas básicas, pero trata de evitarlas y escucha sus respuestas. Utilízalas para dirigirte a las preguntas de seguimiento. La ventaja de grabar es que tienes tiempo para pensar, así que utilízalo para conseguir buenas preguntas con las que seguir. Pregúntate cuál es la única cosa que sólo esta persona puede responder. No les pidas que cuenten algo sobre ellos mismos, eso es una falta de respeto. Haz tus deberes.Dale al invitado un punto de partida. Utiliza una

pregunta abierta que atraviese cualquier coraza: ¿Qué te ha costado este éxito?

¿DEBO ENVIAR POR ADELANTADO LAS PREGUNTAS QUE HARÉ A MI ENTREVISTADO? PROS Y CONTRAS DE ESTA PRÁCTICA

Enviar las preguntas por adelantado podría evitar que tu entrevistado se despiste sobre el tema para el que le has solicitado conversar, pero también estarían robándole naturalidad a sus respuestas.

Debés tener en cuenta que a veces es necesario dejar que nuestro entrevistado exprese sus puntos de vista sin interrupciones. De lo contrario, acabará guardándose muchas cosas en el cajón y no hablaremos de lo que realmente interesa.

De hecho, algunos profesionales recomiendan no preguntar nada a menos que el entrevistado haya señalado alguna cosa que no se entienda.

Las preguntas por adelantado también pueden resultar en preguntas sin respuesta o, peor aún, en una entrevista incoherente.

En lo personal, no envío preguntas. Pero, si mis entrevistados insisten, doy pistas sobre los temas, a quiénes se dirigen cuando dan sus respuestas y por qué ellos, en particular, están en mi programa.

La finalidad de la entrevista es que ellos sean capaces de contestar la única pregunta que solo ellos pueden responder. Por ello es buena idea tomarte el tiempo necesario para elaborar una primera pregunta realmente buena (y, no, no es "¿qué me podés contar sobre vos?").

Por último, tené pluma y un papel a la mano para anotar algo que surja durante la entrevista, si es que necesitás recordarlo durante la conversación. El objetivo de tus entrevistas es mantener una conversación sabiendo lo que quiere tu audiencia.

¿CÓMO ENCONTRAR INVITADOS PARA TU PODCAST?

Los invitados que ya han pasado por el programa siempre son una buena fuente de futuros participantes.

Configurá una alerta de *Google* para que te envíen comunicados de prensa sobre tu tema y luego ponete en contacto con las personas citadas o con el personal de relaciones públicas que se encarga de concertar las entrevistas.

Buscá a autores que han publicado nuevos libros, ya que es probable que quieran hacer publicidad. Amazon es un buen recurso para hallar las novedades del sector y ponerte en contacto con los autores de dichas publicaciones.

Escribí un comunicado de prensa sobre

tu podcast, dando mucha información sobre de qué trata y qué invitados has tenido. A continuación, enviá el comunicado de prensa a varias organizaciones que creás que pueden estar interesadas, pidiéndo que pongan el comunicado en sus boletines, lo que incluye pedir al público que se ponga en contacto con vos si quiere aparecer en el podcast.

Una gran fuente de invitados es la gente que está en redes sociales como Instagram. Sólo tenés que enviarles un mensaje de texto o pulsar el botón de contacto y eso suele darte una dirección de correo electrónico.

Uníte a grupos en *Facebook, Reddit* y similares. Si te gusta un post de alguien o comentás un post, envíale un DM e invítalo al programa.

Igualmente, buscá algunas revistas o artículos en línea y, si te gusta lo que alguien dice, encontrá la manera de ponerte en contacto con él o ella.

Asistí a reuniones de networking en línea para anfitriones e invitados de podcasts. A través de ellos, podrás conocer a grandes invitados para tu programa. Aparte de eso, podés encontrar grandes invitados escuchando otros podcasts y a través de referencias de tus anteriores invitados y conexiones de red.

¿COMO GESTIONAR EL REGRESO DE INVITADOS AL PODCAST?

¿Se vale repetir invitados en un podcast?

¿Sigues un flujo de trabajo diferente o haces algo distinto ya que no es la primera vez que participan en el programa? Además, ¿cómo animas a invitados anteriores a volver a tu show?

Todo depende de cuál sea el resultado deseado del podcast y de por qué son invitados que repiten. No hay reglas.

Si un invitado puede ofrecer soluciones continuas o conocimientos sobre los intereses, los problemas o los puntos de dolor de los oyentes, puede acudir a su programa todo lo que quiera.

Suelo mencionar en el podcast el primer episodio para proporcionar más contexto o si quieren escuchar más de esta persona.

Antes de que un invitado venga a tu programa, siempre debés saber por qué viene. Asegúrese también de que ellos sepan por qué vienen. Cada vez tiene que tener una nueva estrategia, una historia, etc., que sea diferente de su anterior aparición pero que siga centrándose en el tema de tu programa. Así que es el mismo invitado, un tema similar, pero un contenido diferente (un ángulo diferente).

¿CÓMO GRABAR ENTREVISTAS PARA TU PODCAST?

¿Cómo mejorar la calidad de ese audio resultante (incluso si estás grabando desde tu habitación)?

En mi experiencia hay dos formas de entrevistar a las personas cuando necesitás producir contenido: de forma presencial y de forma virtual. Cualquiera de estos formatos implica retos muy particulares que varían de entrevista a entrevista.

Para la primera opción, necesitarás contar con software de edición de audio y acceso a un sistema de videoconferencia que te permita monitorear la calidad de tu audio o video, además de guardar una copia del archivo que se produzca. Lo ideal es que ese producto se pueda guardar en la nube y descargar en tu computadora. Para la segunda opción, se necesita de un dispositivo de grabación portátil que tenga capacidad de descarga de audios mediante conexión USB o montaje y desmontaje de tarjeta SD.

La diferencia entre uno y otro método es el grado de control que tenés del ambiente donde sucede la grabación. Si lo hacés al aire libre, debés lidiar con fuentes de sonido ajenas a vos, como el ruido de los coches, los ladridos de perro o la música del vecino. Si lo hacés en casa, podés contar con un espacio que sea a prueba de ruidos y que podás modificar a voluntad. Para esto, muchos optan por sellar los huecos de las puertas y ventanas, colocar alfombras, aislar muros con espuma de poliuretano (o cartones de huevo), colocar corcho en las paredes, sellar grietas y, desde luego, hablar con tus vecinos ruidosos, de la manera más atenta posible.

También vas a necesitar uno o dos micrófonos. Dependiendo de si tu habitación es a prueba de ruidos o no, necesitarás de un micrófono condensador o un dinámico.

La mayoría de los dinámicos son cardioides, es decir, es un micrófono hecho para capturar desde un lado de la cápsula. Este tipo de micrófono es ideal para grabar sonidos e instrumentos a gran volumen, como baterías, guitarras o bajos, ya que su baja sensibilidad los convierte en una excelente opción para entornos muy ruidosos. Sin embargo, tienen bastantes problemas para capturar las frecuencias más altas, y solo los modelos de más alta gama -y los más costosos- son capaces de hacerlo de una manera digna.

Los micrófonos de condensador se utilizan en los estudios de grabación pues recogen de forma muy precisa cualquier sonido que vaya a ser reproducido frente a ellos. Empero, por su alta sensibilidad, si no grabamos en un entorno adaptado se nos puede colar cualquier otro sonido, aunque suene lejos.

GRABADORA DIGITAL PORTÁTIL

Si tu presupuesto es limitado o si trabajás en un lugar donde no podés llevar mucho equipo, la grabadora de sonidos es tu mejor amiga. Si no tenés un aparato decente, como una Táscam o una Sony, podés, incluso, usar el micrófono incorporado de tu celular. Solo aseguráte de activar el modo avión cada vez que lo usés.

Antes de grabar, configurá tu aparato para que grabe archivos wav de 24 bits o 48 kilo jertz. Esto generará audios que podrás editar sin complicaciones y que no perderán calidad cuando los rendericés.

También, si no tenés suficiente espacio interno, considerá comprar tarjetas SD de respaldo de más de 32 gigas. Y, sobre todo, revisá el porcentaje de batería de tu aparato, para evitarte un disgusto.

Al momento de grabar, tu micrófono debe estar lo más cerca posible a la fuente de sonido que de seás grabar. Esto evitará que los ruidos del entorno sean mayores que los de la fuente primaria. Poné la grabadora en diagonal y a una distancia de 10 centímetros de la boca. Si el ruido externo es inevitable, hay que usar un micrófono de corbata o lava lier, colocado sobre el pecho, a la altura del cuello de la persona entrevistada.

Si grabás al aire libre, también, es absolutamente necesario utilizar protección adicional contra el viento sobre los micrófonos. Una cubierta de espuma o de pelos puede ser la diferencia entre un sonido decente y un desastre auditivo.

YA TENÉS TU AUDIO, ¿Y AHORA QUÉ?

Sin importar con qué grabaste, vas a necesitar de un software capaz de convertir archivos de audio a formatos wav o mp3, como mínimo. Te recomiendo Audacity, un programa gratuito y fácil de usar.

Por otro lado, si este será tu mayor centro de producción, necesitarás una computadora que sea de soportar trabajo duro, con mínimo de un disco de 100 gigas y dos gigas de RAM, de lo contrario te quedarás sin espacio para guardar tus archivos y tu máquina tardará horas en convertir un archivo de pocos minutos. Por ningún motivo vayás a usar una Chromebook o laptops desechables similares. No soportan este tipo de trabajos.

También hay algunas cosas en las que debés

pensar antes, durante y después de la grabación para obtener la mejor calidad de audio:

1) Verificá tus niveles de volumen (ni muy bajo, ni muy alto). Usá audifonos para monitorear durante la grabación.

2) Verificá dos veces los interruptores y botones que vas a utilizar durante tu grabación

3) Siempre monitoreá tu audio (que no haya ruido o distorsión digital)

4) Aseguráte de estar grabando

5) Siempre tené a la mano baterías, cables y tarjetas de memoria extras

Estos simples ajustes de grabación harán que tu edición sea muy sencilla.

¿CÓMO PRODUCIR UNA BUENA ENTREVISTA?

¿Qué imprevistos hay que enfocarte cuando vas a grabar tus conversaciones? ¿En qué te tenés que concentrar durante la conversación: el guion o tu invitado?

Este es un recuento de lo que tenés que tener en mente antes, durante y después de grabar tus entrevistas:

Determiná el objetivo de tu entrevista. Tiene que ser algo que se pueda formular en menos de una oración. Por ejemplo, ¿Cómo hago un podcast?

Elegí a tu entrevistado. Te recomiendo buscar, de entre tus conocidos, a al menos tres candidatos que pudieran darte una entrevista sobre ese tema y que son expertos en el tema. En el caso que he mencionado sobre cómo hacer un podcast, yo buscaría a Félix Montelara, creador de los Premios Latin podcast, y a Robert Sazuke, ganador de cinco Premios Latin podcast. También puedo buscar a Jen Hempfield, aunque ella habla mayormente en inglés. ¿Por qué buscar a tantas personas? Sencillo: en caso de que, por algún motivo, no se pueda realizar la entrevista con el invitado o invitada principal. Así podrás tener un plan A y un plan B, para sobreponerte a cualquier contrariedad.

No hay peor entrevistador que aquel que no sabe de lo que está hablando. Con esto no quiero decir que debás ser una autoridad en el tema a discutir, pero si hacés tu tarea, los resultados se van a reflejar bien en tus preguntas. Realizá una investigación de campo sobre el tema. Buscá los tópicos más interesantes, no repitas preguntas que ya han hecho a los entrevistados, y si no podés evitarlo, buscá un ángulo diferente para hacer esa pregunta, lee y contrastá lo que dicen los detractores de tu invitado sobre algo que él o ella sostiene, buscá sus datos biográficos y profundizá en quién es la persona detrás del título, investigá a qué dedica el tiempo libre, quiénes son sus amigos, etc.

Planificá tu entrevista con antelación: Acá se trata de pensar a futuro, tratando de dejar el menor margen posible de maniobra para el caos. Esto se logra realizando la entrevista varias semanas antes de la fecha en la que vas a publicar tu contenido, por si hay que repetir o añadir algo. Una vez identificada a la persona que entrevistarás, hay que negociar un día y una hora en la que puedan coincidir ambos. Lo ideal es pedirle tener un espacio mayor al tiempo real necesario que pueda durar la entrevista. Esto es para no estar con el tiempo en contra y para la posibilidad de repreguntar en caso de que sea necesario.

Seleccioná el software con el que vas a trabajar y familiarizate con él realizando varias sesiones de prueba previas para que no haya sorpresas cuando por fin los ejecutés. Hay varios nombres a escoger, todo depende de si tienes acceso a un servicio de paga o no, y si entrevistas a más de una persona.

Considerá la posibilidad de ofrecer un entrenamiento previo al o la entrevistada. Con esto me refiero a que podés aclarar cómo funcionará el software que utilizarás, si hay que usar alguna extensión extra en el navegador, o cómo deben ser las respuestas que buscas para la entrevista. Enviá a tu entrevistado temas o preguntas por adelantado. Podés terminar usándolas todas o no, esto solo sirve para que el entrevistado se sienta cómodo contestando preguntas sobre una temática que sabe que domina, pero recordá que vos estás en control del programa y que esas solo son partes de una hoja de ruta. En otras palabras, si tenés que improvisar o reformular tus preguntas, no dudés en hacerlo. Y si ya te dieron la respuesta de una pregunta que ibas a hacer, no la traigás a la mesa de nuevo.

Un día antes, aseguráte de confirmar hora de reunión. Si hay algún inconveniente, recalendarizá o acudí a tu plan A o B.

El día de la entrevista, empezá con una charla rápida de introducción para entrar en calor.

Mantené el interés durante la grabación: esto se logra interactuando con el entrevistado, saliéndote del guión, haciendo bromas casuales, metiendo pequeñas anécdotas relacionadas al tema, realizando cumplidos a tus invitados, repreguntando sobre aquello que te cause curiosidad. Cuando vayás a terminar, pedile a tu entrevistado que comparta sus redes sociales y dejá un link de esa info en la descripción del episodio en el que participa.

Pedile a tu entrevistado posar para una selfi.

Editá la entrevista, subíla a tus plataformas y, finalmente, compartirla con tus seguidores.

¿CUÁL ES EL EQUIPO ESENCIAL PARA PRODUCIR UN PODCAST?

En mi experiencia, este es el equipo básico que necesitás para iniciar la producción de tu propio podcast:

Computadora, de preferencia no Chromebooks.

Micrófonos dinámicos o unidireccionales

Cables de micrófono

Interfaz de audio o Mezclador

Filtro antipop o cubierta de espuma

Auriculares

Soportes o brazo para montar micrófonos

Soportes antivibraciones

Tratamiento acústico de la sala de grabación

Software de edición: Audácity o Adobe

Audition

Alojadores de podcasts: Anchor o Apple podcasts

Sitio web del podcast o redes sociales

Grabadora digital

Cámara o celular con lente de al menos 14 pixeles

Tarjetas SD

Podés encontrar muestras de estos electrónicos en <u>escueladelpodcast.com/tienda</u>. Aunque es una lista un poco larga, me gustaría centrarme en cuatro cosas básicas que deberás tener sí o sí para producir tu programa:

Una computadora o laptop

Aunque parece una obviedad, cualquier equipo cableado que comprés deberá tener entradas que sean compatibles con la marca y el modelo de tu computadora. Hay diferentes conectores para Mac y para Windows. Y si este aparato será tu mayor centro de producción, necesitarás una computadora que sea de soportar trabajo duro, con mínimo de un disco de 100 guigas y dos guigas de RAM, de lo contrario te quedarás sin espacio para guardar tus archivos y tu computadora tardará horas en convertir un archivo de pocos minutos. Por ningún motivo vayas a usar una Chromebook o laptops desechables similares. No soportan este tipo de trabajos.

Un micrófono

Hay tres tipos principales: USB, XLR y un USB o XLR intercambiable. Los términos "USB" y "XLR" se refieren al tipo de cable que se usa con el micrófono, y eso les da algunas diferencias en la funcionalidad. Un micrófono XLR es la opción ideal para los profesionales del audio; sin embargo, si eres un podcaster principiante con poca o ninguna experiencia de grabación de audio, un micrófono USB (o un micrófono doble USB o XLR) es probablemente tu mejor opción. Un micrófono USB es "plug and play", lo que significa que se puede conectar directamente a tu computadora para grabar su podcast. Si preferís comprar un micrófono con el que podás crecer, deberías considerar comprar un micrófono USB o XLR de doble salida para cuando deseés tener un coanfitrión u ocasionalmente tener invitados para grabar un episodio con vos.

Los micrófonos XLR son la elección de los profesionales de la grabación de audio porque son personalizables, fáciles de actualizar y se pueden usar con o sin una computadora.

Una interfaz de audio o un mezclador

Una interfaz de audio o un mezclador permite a los podcasters que graban en persona con otros coanfitriones o invitados combinar el audio de varios micrófonos en una sola pista de alta calidad. Cada persona que grabe necesitará su propio micrófono XLR y cable XLR. (Nota: la mayoría de los micrófonos XLR vienen con un cable XLR, de lo contrario, deberás comprar el cable por separado). Un extremo del cable XLR se conecta al micrófono. El otro extremo del cable XLR se conecta a una interfaz de audio o mezclador compartido. Luego, la interfaz de audio o mezclador se conecta a su computadora o computadora portátil. Una interfaz de audio o un mezclador tiene perillas y controles que le permiten ajustar el sonido de cada micrófono que le conecte. Luego, el dispositivo envía la grabación a su computadora a través de un cable USB. Estos cables se pueden comprar en Ámazon si el cable que necesita para su computadora no está incluido con su interfaz de audio o mezclador.

Auriculares cerrados

A diferencia de los audífonos ergonómicos básicos, los audífonos traseros cerrados permiten escuchar cómo suena alguien realmente mientras graba. Esto brinda la oportunidad de realizar ajustes de voz sobre la marcha. El uso de auriculares cerrados también ayudará a aislar tu voz y bloquear el ruido exterior. Después de grabar, tus auriculares cerrados volverán a ser útiles cuando escuches tu audio para editarlo.

¿QUÉ APLICACIONES NECESITÁS PARA PRODUCIR UN PODCAST?

En la actualidad, podés hacer podcasts con un sonido decente usando tu computadora portátil y su micrófono incorporado. Lo mismo te puedo decir de tu celular. Eso sí, si estás grabando entrevistas en línea mediante la computadora, necesitás auriculares para poder escuchar a la persona sin que tu micrófono capte tu voz en forma de eco.

Si vas a grabar en tu computadora, entonces, necesitás un micrófono externo con un soporte antivibraciones para no captar los movimientos de la mesa. De manera similar, un filtro pop o de espuma para eliminar el molesto sonido que se crea al pronunciar a algunas letras como la pe, la te o la ka.

Si estás grabando en exteriores, podés usar una grabadora digital con un puerto USB. Algunas de estas grabadoras también tienen tarjetas de memoria extraíbles. Esto hará la importación de tus audios más fácil. De igual forma, con el desarrollo de aplicaciones para celulares, ahora podés grabar desde tu *smartphone* sin necesidad de tener una computadora. Una de estas aplicaciones es Anchor, que te permite grabar en línea, con una o más personas participando al mismo tiempo. Podés insertar audios para entrada y salida de tu programa, publicar tu podcast en múltiples alojadores, así como participar en su programa de monetización, si esta opción está disponible en tu país.

Para editar archivos de audio, podés usar el software Audacity, que es gratuito, de código abierto y puede ser usado en computadoras con Windows, Mac o Linux.

Si vas a usar música libre de derechos de autor, para poner un fondo musical en tu programa, te recomiendo descargarla de Free Music Archive y Overclock Remix. Ambos sitios son gratuitos siempre que no vendás tu programa. YouTube también tiene una biblioteca musical que permite distintos tipos de derechos de uso de los audios alojados ahí.

Para distribuir tus audios, lo más recomendable es que tengás una página web donde podás alojarlos y desde ahí podás generar un RSS

Feed, que és la dirección de internet con la que los directorios de podcasts ubican un programa y sus consecuentes episodios. Así, si un día decidís mudarte de cualquier plataforma, no corrés el riesgo de que tus episodios se pierdan o no te dejen bajarlos de ahí. Si no querés hacer eso, podés usar los alojadores de podcasts directamente.

Hay gratuitos, como Anchor.fm y Google podcasts, y pagados, como Libsyn o Spreaker. Cada directorio te dota de capacidades diferentes dependiendo de lo que deseés hacer con tus audios, como por ejemplo, publicar en redes sociales al mismo tiempo que publicás en el directorio de tu selección, en lugar de hacerlo manualmente. También podés cobrar una cuota a quien desee tener acceso a tu contenido premium. Si tu archivo final es muy pesado, tampoco tendrás restricciones.

¿QUÉ NECESITO PARA TENER UN ESTUDIO DE PODCAST EN CASA?

¿Qué equipo debo comprar para grabar audio o video desde mi casa? ¿Cuánto deberé gastar para llevar a cabo mis producciones?

Ante esta pregunta, lo más habitual es que te diga "¿cuál es tu presupuesto?" y partir de ahí te daría una respuesta. Pero si lo que querés es tener una configuración y un sonido de verdadero "estudio" deberás cubrir unos elementos básicos. Podrás agregar o quitar cosas en función de tu presupuesto y necesidades iniciales.

-**Micrófono**: Un Shure SM7B, es el micrófono "profesional". Sin embargo, hay un hermano pequeño de este llamado Shure MV7. Te costará en torno a los \$399, el primero, y \$249, respectivamente. Hoy hay nuevas alternativa como el podmic por unos \$99.

-Aunque no es necesario, y si deseas sacarle sonido posible recomiendo una **interfaz de audio** como un Zoom podtrac 4 o Focusrite Scarlett con al menos dos entradas para que pueda unirse a ti un copresentador o un invitado. Si tienes un micro potente como el SM7B, también necesitarás un preamplificador para alimentar el micro.

-**Software**: no subestimes los softwares gratuitos. Estos pueden cubrir a la perfección su función principal en el podcasting: perfilar el audio que produzcas. No estás mezclando un nuevo disco de éxito, sólo estás limpiando tu audio y mientras haya un ecualizador y algunos plugins para compresión, puerta de ruido y limitador, por ejemplo, con eso basta. Yo personalmente uso Audacity, ya que es gratuito y funciona para *Mac, Linux* y *Windows.*

-Un **espacio tranquilo** como una oficina, o un armario.

-Si vas a filmar, obviamente una **cámara** y un **anillo de luz**. Aunque filmar implica la necesidad de un software de edición de vídeo, y eso añade otra capa de tecnología y trabajo para quien acaba de empezar. Te recomiendo usar aplicaciones como *Capcut* o *Filmora*, pues son fáciles de usar y amigables con los usuarios principiantes. La cámara más básica es una webcam, cómo la *Logitech HD c920*, que se puede conseguir por unos $50 dólares. Pero mi recomendación es una camcorder con un *cam link* como **elgato**.

Yo recomendaría que todo tu equipo fuera sencillo y simple para empezar: Micrófono, interfaz y software de grabación/edición. No tiene sentido abrumarse y luego no publicar nunca. Sé que esta lista puede parecer relativamente básica, pero en realidad es lo que necesitas para empezar.

LISTA DE COMPROBACIÓN PARA LA GRABACIÓN SOBRE EL TERRENO

¿Te toca salir a entrevistar a algún invitado fuera de tu estudio? Que no se te escape de las manos. Quizá no lo parezca, pero incluso a los profesionales más experimentados suele pasarnos que a veces las cosas no nos salen como las planeamos.

Es por eso que he creado esta lista de comprobación para la grabación sobre el terreno:

- Un teléfono o dispositivo de grabación: Es buena idea grabar en paralelo una entrevista con algún dispositivo extra y no solo confiar en el equipo principal de grabación. Así, si algo falla, al menos tendrás un respaldo que aunque no sea el mejor, será mejor esa mala grabación a no tener ninguna grabación.
- Si usas un micrófono que requiere pilas, lleva extras.
- Si vas a grabar sonidos con tu teléfono,

lleva un cargador.

❏ Auriculares: Querrás llevarlos puestos mientras grabas. Solo así podrás asegurarte de que el micrófono está grabando.

❏ Preguntas para la entrevista: ¿Las tienes contigo? ¿grabaste una copia en la nube? ¿Tienes un cuaderno donde las apuntaste? No pasa nada si no las preguntas todas. Estas son solo una guía.

❏ Lista de sonidos para grabar: ¿Cuáles son los más importantes e infaltables? ¿Cuáles son los de relleno? No pasa nada si no consigues todos estos sonidos y es genial si consigues incluso más. Esta lista debería servirte de guía.

❏ Cuaderno y boligrafo: Nunca se sabe cuando necesitarás escribir la idea del siglo o algún dato importante que debas recordar luego. Además, te ves más profesional anotando todo lo importante en una libreta que en una app de celular.

❏ ¿Quién tomará las notas de los momentos más importantes de tu entrevista? Tú o un compañero de equipo deben tomar tranquilamente breves notas durante una entrevista o mientras grabación de sonido, para recordar momentos o puntos concretos a los que te gustaría volver más tarde.

❏ ¿Datos de contacto de la persona

entrevistada?: Nunca se sabe cuando alguien se va a ausentar por algún evento imprevisto y querrás estar listo para contactar a esta persona o a un substituto.

CINCO MANERAS POPULARES PARA HACER UN PODCAST EN YOUTUBE

Sin duda alguna, si solo estás produciendo sonido, tenés que voltear tu interés (al menos en términos de difusión) hacia YouTube para ganar audiencia o para distribuir tu contenido. Es más, esta exposición te permitirá ser reconocido por propios y extraños y tu rostro siempre estará ligado a tu contenido. Entonces, si o sí, vas a necesitar estar frente a la cámara y grabarte hablándole al micrófono y a tu audiencia. Aquí te muestro cómo hacerlo sin tanta complicación:

1. Graba un video mientras grabas el audio. Lo mejor de los podcasts de vídeo es que requieren una edición mínima. Te recomiendo que utilices herramientas y equipos fácilmente accesibles para no complicarte la vida.

2. Haz una presentación usando tu webcam. Este método te da la oportunidad de hacer demostraciones utilizando gráficos, diagramas y artículos mientras grabas. Un beneficio adicional: con el contenido visual, es más fácil invitar a los oyentes a visitar tu sitio web o canal de YouTube. La curiosidad y las buenas llamadas a la acción ayudarán a ello.

3. Transmisión en directo. La transmisión en vivo tiene un gran beneficio: una audiencia fiel. Dado que las transmisiones en directo no suelen estar editadas, puede que no sean la mejor opción para los perfeccionistas que prefieren un contenido pulido. También se requiere mucha preparación.

4. Grábate a ti mismo y a tu invitado mientras hablan. Si realizas tu entrevista a través de una plataforma como Zoom o Google Hangouts, simplemente graba una pantalla dividida entrevistando a tu invitado.

5. Convierte tus grabaciones de audio en MP4. Esto se puede hacer con una herramienta como Headliner o Wavve y sólo lleva unos minutos.

¿CÓMO ELEGIR LA MÚSICA PARA UN VÍDEO CON LOCUCIÓN?

La música acentúa el tono de una narración, sea esta auditiva o visual. Ese elemento es lo que nos ayuda a evocar sentimientos y emociones en la audiencia cuando se combina con una locución. Algunos factores básicos que podés tener en cuenta al elegir la música de fondo para un proyecto narrativo, son los siguientes.

No debe distraer ni potenciar. Si la música es demasiado dinámica, puede sobrecargar la locución y afectar a la comunicación de tu voz con el público. Por lo tanto, es importante elegir una música que combine bien y establezca el tono adecuado para la producción..

No usés un volumen alto. Utilizar el fondo

musical a un tercio de su volumen normal suele funcionar de maravilla para no opacar la locución. Podés utilizar un editor de audio o video para reducir este volumen.

Establecé el estado de ánimo adecuado para tu narración. Cada guion se construye con un estado de ánimo en mente. ¿Querés explicar una idea, enseñar algo o inspirar al público? En función de lo que se pretenda conseguir, la música debe dar el tono adecuado al vídeo.

Que sea sencilla. Aunque la música dinámica puede tener su lugar especial en el mundo, la mayoría de los vídeos de locución funcionan mejor con música sencilla. Evitá canciones con voces, a menos que la narración lo especifique.

Que sea libre de derechos de autor. Asegúrate de que el vídeo que utilizás está libre de cualquier reclamación de derechos de autor. Hay sitios como la librería de música de YouTube donde podés conseguir pistas sin restricciones de uso o sin necesidad de atribuciones creativas. Los servicios de paga para comprar piezas de audio también son una opción. Siempre que podás acudí a músicos profesionales para que compongan música a tu medida.

Leé en voz alta. La forma más sencilla de hacer la mezcla perfecta entre sonido y texto es que, una vez que hayás identificado la música que te gustaría emplear en tu proyecto realicés una pequeña locución y prestes atención a cómo suena. Así sabrás si la combinación es la adecuada.

¿CÓMO EDITAR UN ARCHIVO DE AUDIO?

¿Qué es y cómo funciona el programa Audacity? ¿Cómo descargarlo y comenzar a usarlo?

Audacity es un software que te permite grabar y editar clips de audio de forma gratuita. La interfaz de Audacity es sencilla y muy fácil de usar. Si ya sabés como copiar, cortar y pegar en otros programas, tardarás muy poco tiempo en dominar el resto de herramientas que este software te ofrece como usuario.

Una de las ventajas que tenés con su uso es su compatibilidad multiplataforma: puede funcionar sin problemas en los sistemas operativos Windows, Apple macOS y Linux.

Por si fuera poco, podés agregarle múltiples plugins y bibliotecas de efectos para mejorar su funcionalidad. Además, hay cientos de videos de apoyo de la comunidad de usuarios que te explican paso a paso cómo resolver cualquier desafío sonoro que se te presente al momento de editar un audio para mejorar su calidad.

En lo personal, me gusta Audacity porque es un paquete de software de tamaño pequeño que requiere menos espacio de almacenamiento en tu computadora. Esto significa que aunque no tengás una computadora especializada para realizar ediciones, vas a lograr un buen producto. También, estamos hablando de una plataforma de código abierto con un fuerte respaldo de la comunidad, que se esfuerza constantemente por mejorar el rendimiento, por lo que siempre habrá renovaciones en el software.

Podés utilizar Audacity para casi cualquier cosa relacionada con audio, desde la creación de entrevistas, trabajo de locución, edición de música o cualquier otra cosa relacionada con la voz o el sonido. Yo, de hecho, he generado piezas musicales y efectos de sonido haciendo uso de sus herramientas básicas.

Si después de escuchar esta información te ganaron las ansias para empezar a grabar un proyecto, adelante. Solo necesitarás un micrófono que se pueda conectar a tu computadora y unos audífonos con los que podás esuchar los sonidos que ingresés por el micrófono. Tras esto, solo habrá que hacer clic en el botón rojo que aparece en el programa y listo.

Ahora, solo necesitás empezar a jugar a descubrir Audacity, grabar un par de audios y aplicar efectos.

Si aún no lo haz hecho, podés decargarte Audacity desde esta dirección: Audacity.sourceforge.net.

Una vez finalice la descarga, eligí el idioma de tu preferencia, después, selecciona la información y el destino del archivo. Listo.

¿A QUÉ BITRATE SE GUARDA UN AUDIO PARA PODCASTS?

Normalmente, compilamos el mix final de un podcast en formato mp3 a una tasa de bits de 128 kbps. Este formato es un buen equilibrio entre calidad de audio y tamaño de archivo. Proporciona una calidad de sonido aceptable sin ocupar demasiado espacio en el dispositivo de los oyentes.

La producción de podcasts implica varias etapas. Primero, se graban las voces y se editan para eliminar errores y mejorar la calidad. Luego, se añaden elementos como música de fondo y efectos de sonido. Finalmente, se exporta el podcast en un formato comprimido, como el mp3, para que sea fácil de descargar y reproducir.

En el medio, hay quien gusta de compilar sus archivos finales a 320 kbps, a 192 kbps, o 128 kbps, por aquello de aprovechar todo el espacio posible. Pero, el principal producto de un podcast son las voces, así que la diferencia no es muy notable. Depende del cliente. Algunos no notarán la diferencia y otros no querrán pagar más por el almacenamiento. Ahora, hay varios factores a considerar. Los oyentes frecuentes aprecian el espacio ahorrado si su teléfono se llena rápidamente. Algunas plataformas también tienen cargos extra por ancho de banda después de cierta cantidad, pero ofrecen otros beneficios que hacen que la gente las use para subir y alojar sus episodios.

Como oyente, en el pasado dejé de escuchar un programa que constantemente llenaba el espacio de mi teléfono. Si producen un programa de 10 minutos, puede que no haga diferencia, pero si producen un programa de 2 horas, sí puede notarse. Algunos de mis clientes tienen acuerdos con sus proveedores de alojamiento, como Libsyn, y les cobran en función del almacenamiento mensual, entre otras características. Así que no podemos enviar siempre la máxima fidelidad. Les cobrarían más si nos excedemos, especialmente si tienen un programa semanal.

Algunos servidores ofrecen almacenamiento ilimitado, pero el compromiso, por ejemplo, podría ser menos seguimiento informativo para los anunciantes o algo así. Además, las transmisiones se almacenan en búfer de manera diferente según el tamaño. Si bien el audio es barato de transmitir, la velocidad de la red de todo el mundo no es tan rápida como se podría pensar. Internet no está tan disponible en todas partes como debería, incluso aquí en los Estados Unidos, donde vivo. Por ejemplo, las áreas rurales no tienen mucha velocidad y su potencia se cae a cada instante.

En todo caso, según un colega, exingeniero de radio de la NPR, si deseas utilizar algún formato que te ayude con el espacio de almacenamiento y no te robe tanta calidad, graba tus archivos con 64 kbps o 96 kbps para conversaciones mono, y 128 kbps, si estas deben ser transmitidas en estéreo. . Al final, a menos que tu escucha tenga un oído súper dotado, nadie notará la diferencia.

¿QUÉ ES EL RUIDO EN UN PODCAST?

Ruido, **es un sonido inarticulado o confuso que suele causar una sensación auditiva desagradable.** En el área de las telecomunicaciones, 'ruido' es una perturbación o una señal anómala que se produce en un sistema de telecomunicación, que perjudica la transmisión y que impide que la información llegue con claridad.

En términos de actividad podcastera, **se considera ruido a cualquier sonido indeseado que se produce de forma simultánea a la realización de una grabación**, y que puede afectar al resultado de la misma. Este ruido también puede ser corporal o técnológico, es decir, que emana del equipo técnico que usamos para grabar.

Bajo esta lupa, cualquier actividad que hacemos como humanos puede ser considerada ruido. **El nivel de limpieza que querramos hacer**

del ruido en la postproducción es simplemente una decisión personal.

¿Es necesario hacerlo? No. Conozco podcasters que han dejado de preocuparse por cuánto ruido se cuela en sus grabaciones y simplemente terminan subiendo sus episodios sin tanta edición. Son podcasters exitosos y monetizan sus contenidos sin problemas.

¿Qué me aporta y qué me quita en terminos de naturalidad? Hay podcasters que se obsesionan con la limpieza de sus audios y corren el peligro de terminar convirtiendo sus audios en una especie de conversaciones entre robots. Esto porque la cantidad de cosas que han quitado de sus archivos, terminan mutilando el flujo natural del que gozamos los humanos cuando hablamos.

Ahora, ¿qué debo considerar ruido en un episodio de mi podcast? Con este listado vas a aprender a reconocer y a valorar tus audios con nuevos oídos:

El ruido de fondo es cualquier sonido ambiental que se escucha en el fondo de una grabación de audio, como el tráfico, la música, las voces de otras personas, los animales, entre otros. Este tipo de ruido puede ser muy molesto para los oyentes y disminuir la calidad de la grabación, ya que puede ser difícil para ellos escuchar y comprender el mensaje que se quiere transmitir.

El ruido de fondo también puede ser difícil de editar y eliminar después de la grabación, lo que significa que debés tomar medidas para minimizarlo durante la grabación. Esto puede incluir usar un micrófono de alta calidad y un espacio de grabación tranquilo, o utilizar software o hardware para reducir el ruido ambiental durante la edición.

Los silencios son pausas incómodas o vacías en la conversación durante una grabación de audio. Estos silencios pueden ser incómodos para los oyentes y disminuir la fluidez y el ritmo de la conversación. Estos pueden hacer que la grabación parezca inconexa o desorganizada, lo que puede afectar la claridad y comprensión del mensaje que se quiere transmitir.

Los silencios pueden ser causados por una variedad de factores, como **una falta de preparación, una falta de confianza, una pausa para pensar o una interrupción**. La única forma de evitarlos es teniendo una estructura temática clara en mente antes de comenzar la grabación. Para minimizar los silencios, haz una **planificación previa** y ensaya algunos puntos **de la conversación antes de la grabación**, así mantendrás un flujo natural y relajado durante la conversación.

El clipping es una forma de distorsión en la señal de audio que ocurre cuando la señal audio excede la capacidad máxima que puede ser grabada o reproducida. Esto resulta en un corte o recorte de la señal, lo que puede sonar como un golpe o un clip en el audio. Puede ser causado por una variedad de factores, incluyendo la **configuración incorrecta de los niveles de**

entrada o la sobrecarga en el equipo de grabación. Para evitar el clipping, es importante asegurarse de que los niveles de entrada estén configurados adecuadamente y monitorear constantemente la señal durante la grabación para detectar cualquier distorsión.

El zumbido o humming es un ruido eléctrico constante o monótono que se escucha en el audio. Este ruido puede ser causado por una variedad de factores, incluyendo **la interferencia eléctrica, la cercanía a una fuente electromagnética o un problema en el equipo de grabación.** Para minimizar el humming, es importante asegurarse de que el equipo de grabación esté configurado adecuadamente y que se realice una prueba de sonido antes de la grabación para detectar cualquier fuente de interferencia.

Sonidos bucales generados por palabras que usan letras como la P, K, o la T. Estos sonidos pueden ser incómodos o distraer a los oyentes, especialmente si son fuertes o se escuchan en exceso. Para minimizarlos, **es importante prestar atención a tu forma de hablar y trabajar para modificar tu técnica de microfonéo** para que estos sonidos sean menos evidentes o no estén presentes.

Silbidos nasales o bucales al hablar. Cuando tienes una respiración pesada, **el aire se estrella con mayor fuerza en tu micrófono y ello se transmitirá a los audífonos...** y si lo escuchas tú, lo escuchamos todos. Lo mismo pasa con la salivación que se genera cuando se habla sin pausas y la garganta se reseca. Todos estos ruidos pueden ser incómodos o distraer a los oyentes cuando se vuelven repetitivos. Para minimizar estos sonidos, es importante que los oradores presten atención a su técnica de respiración y trabajen para controlar su respiración durante la grabación. También, te recomiendo tener siempre a la mano una bebida a temperatura media o caliente para hidratarte.

La respiración profunda puede ser un ruido de fondo no deseado que se escucha en la grabación de un episodio de podcast. Estos sonidos pueden ser incómodos o distraer a los oyentes, especialmente si son fuertes o frecuentes. La respiración profunda puede ser causada por la tensión o la excitación del momento, y puede interferir con la calidad de la grabación. Para minimizar estos sonidos, los podcasters pueden tomar medidas como tomar una pausa para tomar una respiración profunda antes de comenzar la grabación, mantener una postura relajada durante la grabación o usar un microfono con una funda antirruido.

"Ahs" y "Ums" son marcadores de pausa o llenadores de silencio que se utilizan a menudo en el habla cotidiana. Sin embargo, en la grabación de un episodio de podcast, estos sonidos pueden ser percibidos como incómodos o innecesarios por los oyentes. Pueden interrumpir el flujo natural de la conversación y distraer a los oyentes de la información que se está presentando. Para minimizar estos sonidos, practica antes de la grabación, toma una pausa para pensar antes de hablar o utilizar técnicas de respiración y meditación para mantener la calma y evitar la tensión durante la grabación.

Las muletillas son frases o palabras repetitivas que se usan inconscientemente durante una conversación o discurso. Estas pueden incluir expresiones como "sabes", "bueno", "ya sabes", entre otros. Aunque pueden ser un hábito común, pueden ser incómodas para los oyentes y distraer de la información importante que se está tratando de comunicar. Las muletillas pueden afectar la fluidez y naturalidad de la conversación y pueden hacer que la persona parezca incierta o nerviosa. Por esta razón, es importante ser consciente de ellas y trabajar en su eliminación o reducción durante las grabaciones de audio.

Los soliloquios estériles son conversaciones o monólogos que no aportan ningún valor o información relevante a la conversación principal y pueden ser incómodos o distraer a los oyentes. Estos soliloquios pueden surgir cuando un participante en una conversación se desvía del tema principal o se pierde en detalles irrelevantes, lo que puede interrumpir el flujo y el ritmo de la conversación. Además, **estos soliloquios pueden ser percibidos como un desperdicio de tiempo y pueden resultar en una pérdida de interés y**

atención por parte de los oyentes. Por lo tanto, es importante para los podcasters evitar estos soliloquios innecesarios y mantenerse enfocados en el tema principal de la conversación.

¿CÓMO EDITAR TU PODCAST EN AUDACITY?

¿Qué significa "editar"? ¿Cuál es la diferencia entre el ruido normal y el de fondo?

Una vez grabado tu audio, lo siguiente será editarlo. Es decir, remover aquellas partes que no aporten calidad al contenido que queremos transmitir en nuestro mensaje. Habrá que remover aquellos ruidos que se produjeran en torno a nuestro lugar de grabación y los ruidos guturales que realizamos al hablar. El chiste de esto es que la limpieza no se note y que la audiencia piense que todo ha sido producido con naturalidad.

El primer paso será importar el audio que has grabado previamente. Para ello vas a Archivo, Importar, y hacés clic en la carpeta de audio. Ahí encontrás la ubicación de tus archivos y los abrís en conjunto o por separado, si es que los tenés en diferentes lugares. Lo más apropiado es tener estos audios en un solo lugar, incluidos los que resulten de tu edición. Separálos por carpetas que te den una idea rápida de su contenido.

Una vez hecho esto, guardá el proyecto con un nombre que sea fácilmente reconocible. Si es parte de una temporada podés nombrarlo EP1T1. Audacity tiene la ventaja de que si tu proyecto se ve interrumpido por algún corte de energía o porque el programa colapsó y se reinició, cuando abrás nuevamente el software, se recuperarán los archivos que estabas utilizando en el segundo exacto en que los estabas trabajando. Esta opción de autoguardado te permite ahorrar tiempo no teniendo que volver a rehacer la edición de tu proyecto desde cero.

Cuando edito, trato de pensar en la estructura de una pirámide. Es decir, utilizo niveles para colocar diferentes audios, según su grado de importancia. Por lo general, en la base coloco el audio que funcionará como fondo musical. Bajo este nivel van los efectos de sonido. Luego coloco la intro o la outro. Casi encima de estas, pongo las cuñas informativas o los cintillos identificativos de secciones. Aquí, podés aprovechar para dejar una pista vacía que te permita mover audios fuera de sus sectores. Después, en la cima, coloco las voces principales: primero, las piezas de entrevistas y luego, las partes de los entrevistados.

Hecho esto, procedo a reescuchar el material. Aquí tenés que decidir qué secciones de los audios deseás conservar, eliminar o cambiarle el orden.

Si tu audio tiene un silbido de fondo, ruido de computadora u otro ruido deseado, eliminálo. Para ello seleccionás una parte del audio donde no haya ruido o voces. Te recomiendo que, para tener un parámetro justo de lo que Audacity identificará como ruido de aquello que no lo es, siempre, antes de iniciar cualquier grabación, hagás un conteo mental de al menos cinco segundos antes de empezar a hablar.

Cuando hayás identificado esta sección del audio, te vas a efectos, reducción de ruido y hacés clic sobre obtener perfil de ruido. Lo que el programa hace es comparar la selección con el resto del audio. Luego, tenés que volver a efectos, reducción de ruido y dar clic en aceptar. Cuando Audacity haya identificado las voces, eleminará los ruidos de fondo. Podés usar los parámetros por defecto que vienen ahí. Si los ruidos de fondo siguen apareciendo después de que has aplicado esta herramienta, podés volver a repetir el proceso y jugar con los parámetros hasta que veás un resultado que te complazca.

Ahora vamos a eliminar el material no deseado. Esto significa que escucharás el audio y que decidirás con qué trozos te quedarás. Lo demás lo podés borrar seleccionando la sección que no te interesa y haciendo clic en Borrar. También podés hacer uso de las lupas para aumentar o disminuir el tamaño visual del audio. Por ahora solo concentráte en los trozos grandes que no necesitas, no te preocupés por la tos u otros ruidos menores que querrás arreglar. Para disfrazar estos sonidos, podés copiar una sección de audio durante la cual nadie esté hablando (por ejemplo, al comienzo de la grabación) y pegarla sobre el ruido no deseado. Esto preservará el ritmo natural del habla.

Ahora, mové todo en el orden correcto. Usá la pista vacía como espacio temporal para mover cosas.

A continuación, revisá que el volumen de todos los audios sea constante. Para ello seleccioná el audio que querés nivelar, luego te vas a efectos y das clic en normalizar. En la sección de Normalizar pico de amplitud escribí -2 punto 0, con esto te asegurarás de subirle el volumen a aquellas partes de tu audio que sean demasiado silenciosas y las pondrá al mismo nivel.

Cuando terminés de normalizar tu audio, podés usar la herramienta de compresión para hacer que todas las partes de tu audio que así lo requieran suenen más fuertes, más "cercana". Para ello seleccionas el audio, te vas a efectos, compressor y le das clic en aceptar.

Después de esto, podés ecualizar las voces yendo a Ecualizador Gráfico, administrar y usá la combinación que corresponde según tu tonalidad. Para voces de hombre, preajustes de fábrica, refuerzo de graves, y luego aumento de agudos y aceptar. Para voces femeninas, preajustes de fábrica, aumento de agudos y aceptar.

Ahora, eliminá la pista vacía haciendo clic en la Equis. Importá tu música o efectos de sonido. Eliminá las secciones que no utilizarás, por ejemplo. es posible que solo necesités los primeros 30 segundos de una canción. Mové la música o efectos de sonido al área que deseés que esté.

Cambiá el volumen de la música usando la opción amplificar volumen. Para ello, vas a efectos, amplificar y luego corrés el marcador hacia la sección de los números negativos o positivos según te convenga.

Cuando hayás terminado de hacer modificaciones, podés exportar tu podcast terminado. Guardálo como mp3 y trabajá en sus metadatos. Para ello te vas a archivo, exportar, y escogés mp3 o wav. La diferencia entre uno y otro es el peso del archivo final, y, por lo tanto, la calidad del audio que te queda. Cuando seleccionés la extensión de tu audio, y hayás encontrado la carpeta donde vas a grabar, hacés clic en guardar y, de inmediato, te aparecerá una caja de diálogo en la que podés escribir información pertinente a tu audio y su contenido. En los metadatos podés poner el nombre del autor, la fecha de producción, comentarios, etiquetas, etc.

¿Cómo añadir efectos en cadenas?

Audacity tiene una gran función llamada cadenas. Esta función te permite aplicar todos los efectos de audio de posprocesamiento con un solo clic del ratón, y conseguir la misma calidad de audio cada vez que grabas.

Para ello, vas al menú Archivo > Editar cadenas.

Hacé clic en "Añadir", introduce un nombre y haz clic en "Aceptar".

Insertá Commands haciendo clic en "Insertar" debajo de la lista de Commands. Hacé doble clic en un Command para mostrar su nombre en la ventana superior. Si querés editar la configuración del Command/efecto, hacé clic en "Editar parámetros" y ajustá todo como lo harías normalmente con el efecto. Hacé clic en "Aceptar". Repetí los pasos del 3 al 6 según sea necesario para incluir los Commands o efectos que deseés. Cambiá el orden de los *Commands* con los botones "Mover hacia arriba" y "Mover hacia abajo". Cuando hayás terminado, hacé clic en "Aceptar".

Ahora, ¿cómo aplicás las cadenas que recién creaste?

Seleccioná el audio que deseás modificar. Puede ser una pequeña selección, una pista entera o una selección a través de varias pistas.

Vas al menú Archivo > Aplicar cadena.

Hacé clic en la cadena que deseés aplicar al audio seleccionado.

Hacé clic en "Aplicar al proyecto actual" y listo. Podés realizar este proceso tantas veces como sea necesario.

Listo, ya tenés tu primer audio editado. Ahora, liberálo al mundo.

PROS Y CONTRAS DE CONTRATAR A UN EDITOR BARATO VS UNO CARO

Quizás a estas alturas te diste cuenta de que producir un podcast es un trabajo muy arduo y que tal vez necesitas ayuda. Es aquí donde entra en juego la figura de un editor. Desde luego, esta decisión de contratar a alguien para aminorar esta carga de trabajo está acompañada por ciertos bemoles. Y aunque en ocasiones se obtiene lo que se paga, siempre se puede aprender de la experiencia ajena. Por ejemplo, puedo decirte que hay dos tipos de editores:

1 - El aficionado - un editor que puede hacer lo

que le pides, pero que no se involucra tanto en la tarea que se le asigna. Este tipo de editor se ocupará de los asuntos que le competen, sin embargo, cuando se enfrenta a una situación límite deberá descubrir el camino hacia una determinada respuesta. Esto les tomará un poco de tiempo, pero por lo general son más económicos en cuanto a cada hora que trabajarán en tu proyecto. Algunos cobran entre 15 y 20 dólares por hora de audio editado.

2 - El especialista: un experto que cuenta con una serie de herramientas que ahorran mucho tiempo. Es probable que tengan un diseño configurado que pueden aplicar a la voz para conseguir que suene lo mejor posible. En el caso de que se encuentren con un problema, es probable que lo hayan visto antes, y presumiblemente tienen 5 enfoques distintos para resolverlo. Un especialista puede ser mucho más rápido que un aficionado, pero cobra mucho más por su tiempo. Por ejemplo, un profesional cobrará 50 dólares por hora o más.

Teniendo todo en cuenta, es posible que, como resultado de estas cuestiones, terminarás pagando el triple de horas por un servicio lento, mientras que si pagas los servicios de un especialista, ahorrarás tiempo y dinero.

Por último, el profesional es sustancialmente más receptivo a tus mensajes, espera tus requerimientos y no te quita el tiempo. Esta es la razón por la que te recomiendo contratar a expertos como la Escuela del Podcast para el trabajo que estás haciendo. Nosotros nos encargaremos de editar todos los siguientes elementos, mientras que tú solo deberás preocuparte por lucir bien ante el micrófono y las cámaras:

- ❖ Editar audio (repeticiones, ums, clics, silencios largos).
- ❖ Reducir/Eliminar ruidos (chasquidos, ruidos, de-essing, reducción de eco y reverberación).
- ❖ Aplicar ecualización, compresión y nivelación.
- ❖ Importar la introducción, la salida, las transiciones, los anuncios, etc.
- ❖ Masterizar la mezcla final con un volumen de audio medio para las plataformas de streaming (Spotify, Apple iTunes, YouTube, Soundcloud, etc.).
- ❖ Convertir a formato MP3, de 320kbps, con etiquetas ID3.
- ❖ Escribir las notas del programa.
- ❖ Subir el audio del podcast a plataformas de streaming digital y alojamiento de podcasts.
- ❖ Crear versión del podcast en vídeo para Youtube.
- ❖ Crear audiograma: Vídeo con forma de onda en movimiento para Youtube y contenido de medios sociales.

¿CÓMO SUBIR TU PODCAST A UN ALOJADOR? ¿CUÁL ESCOJO Y POR QUÉ?

En la actualidad, con directorios como *Anchor.fm*, subir los episodios de un podcast a la internet no es muy complicado. Hay que abrir una cuenta, crear un usuario y una clave, luego buscás tu archivo, lo subís a sus fólders, le escribís un título, una descripción, le agregás unas etiquetas para que la gente que busca algún tema relacionado con el contenido de tu episodio lo pueda encontrar, subís la portada del podcast o del episodio, establecer si el contenido es para mayores de edad, escogés una hora y un día para publicarlo y listo, podés liberarlo en la internet dándole aceptar.

Anchor tiene la ventaja de publicar en

múltiples plataformas a la vez por lo que no tendrás que repetir los pasos anteriores en cada alojador. Sin embargo, existen centenares de alojadores y, seguro, también querrás que tu podcast esté ahí. Quizá uno de los más importantes, históricamente hablando, es Apple podcasts, antes mejor conocido como iTunes.

Pero antes de hablar de por qué debés estar ahí, un poco de historia. Al menos una versión de ella.

Alrededor de 2003, varias personas descubrieron que un archivo de audio podía incluirse como anexo en un canal erre ese ese *Feed*. Ese anexo permite que un archivo de audio se descargue automáticamente en el aparato de preferencia del suscriptor. En aquellos primeros tiempos, se suponía que la mayoría de los usuarios escucharían estos archivos de audio en sus iPods, por lo que se trataba de una forma de difusión para *iPods*, de ahí el término podcasting.

Pronto aparecieron varios programas que podían suscribirse a los podcasts y reproducirlos. En un par de años, Apple integró la suscripción y reproducción de podcasts en *iTunes*, y ahora, *iTunes* es la forma más común en que los usuarios se suscriben y escuchan podcasts. Hay muchas otras formas de obtener podcasts, pero como *iTunes* es la vía más utilizada, es importante asegurarse de que el *Feed* de tu podcast sea compatible con *iTunes*. Y es casi seguro que querrás enviar tu *Feed* a *iTunes* para que lo incluyan en la tienda de Apple porque es la forma más común en que los oyentes buscan y se suscriben a los podcasts.

Una vez que hayas creado tu primer episodio (o episodios), debés enviar tu podcast a *iTunes*, que es donde la mayoría de los oyentes lo buscarán. Hay una buena lista de comprobación en el sitio de *Apple* que te guía por lo que tienes que hacer. El envío se realiza a través de la tienda de *iTunes* y se necesita un ID de *Apple* para hacerlo.

También podés enviar tu podcast a *Stitcher* y otros agregadores. Por ejemplo, la herramienta podcast 411 mantiene una lista bastante actualizada de los directorios en los que deberías incluir tu podcast.

Hay varias empresas que ofrecen soluciones completas de alojamiento: almacenan el audio, crean automáticamente el feed y proporcionan estadísticas y otros servicios, como *Libsync*. Por lo general, son servicios de pago, pero te proporcionan estadísticas más detalladas que las que se obtienen con alojamientos gratuitos. Además, algunas de estas empresas pueden ofrecer servicios adicionales, como la promoción cruzada y la solicitud de anuncios. Todo depende de cuánto estés en disponibilidad de pagar.

¿CUÁL ES LA MEJOR HORA PARA PUBLICAR TU PODCAST?

Según el sitio web Resonate Recordings, hay un momento óptimo para publicar un podcast semanal. El consejo es "miércoles, martes y jueves entre las 2 a.m. y las 5 a.m., siendo las 5 a.m. el mejor momento para reunir la cantidad máxima de descargas". Pero, ¿en qué zona horaria es esto? Mis oyentes están en todo el mundo, Canadá/EE. UU. (40%), Australia (35%) y Reino Unido (25%).

En mi opinión, este tipo de consejos son engañosos e inútiles. La gente dice estas cosas para sonar autoritaria, pero no están basadas en la realidad. Realmente depende de dónde esté tu audiencia. Las personas que dicen eso quieren que otros piensen que conocen el "secreto". No te preocupes por un tiempo o día específico.

Elije un día y publica regularmente. Un horario consistente es clave. Hay mucha evidencia que muestra que las personas construyen escuchar podcasts en sus rutinas y hacen varias tareas al mismo tiempo, por ejemplo, escuchar un podcast cuando van al gimnasio un martes por la noche.

A menos que tu programa sea extremadamente sensible al tiempo, el día y la hora no importan. Por ejemplo, escucho podcasts fanáticamente y no puedo decirte la fecha de lanzamiento recurrente de ninguno de ellos. Si tu programa no es en vivo, realmente no importa en absoluto. Las personas escuchan en sus propios horarios, no en los tuyos.

La mayoría de los suscriptores recibirán descargas automáticas incluso en medio de la noche. Una pregunta mucho más importante es cuándo promocionar tu episodio en las redes sociales. Quieres hacerlo cuando la mayoría de tus oyentes probablemente estén en línea.

No encuentro que tenga ninguna relación con la realidad y muestra por qué necesitas que tus oyentes se suscriban. No importa si publicas a medianoche, tu oyente se despertará con una notificación diciendo que hay un nuevo episodio publicado y lo escuchará sin que tengas que exigirle. De esto se trata la fidelidad.

¿CÓMO ESCRIBIR COMO UN PROFESIONAL?

En algún momento de viaje podcastero tendrás que escribir notas del show, los títulos de tus episodios, los posts para tus redes sociales, los blogs para tu sitio web, etcétera. Y tal vez no sepas cómo, o, a lo mejor solo sabes lo básico. ¿Es posible mejorar tu manera de escribir? ¿Cómo puedo limitar los errores gramaticales que podrían dañar mi reputación como experto en determinados temas?

A lo largo de más de 20 años me convertí en un experto en la utilización de la inteligencia artificial enfocada a la escritura. A estas alturas he logrado encontrar algunas herramientas digitales que no solo abrevian mi tiempo de trabajo frente a la computadora, sino que también disminuyen la cantidad de errores que un texto mío podría llevar cuando lo libere a la web, aunque lo haya trabajado por horas.

En este punto, quiero aclarar algo. Soy periodista. Soy escritor. Pero eso no me exime de equivocarme a la hora de escribir. Desde luego, mis textos suelen ser más pulcros que los de una persona normal. Pero, hasta los premios Nóbel de literatura necesitan a un corrector, a un editor, para pulir sus textos. Así que, si de vez en cuando se te va una coma por aquí, un acento por allá, o una combinación absurda de verbos, no te lo tomes a pecho.

Volviendo al ruedo. Te voy a enseñar las herramientas que uso para escribir. Tomá en cuenta lo siguiente: yo organizo mi sistema con base en cuatro grandes procesos: escritura del texto, revisión del texto, lectura del texto, reescritura del texto.

Google Docs

En cuestiones de escritura, este es el principal software que utilizo. Lo que me gusta es que todo lo que escribo se queda en la nube en automático. No hay necesidad de grabar nada y si por error llego a borrar algo que he escrito, puedo volver a una versión antigua del documento y rescatar lo eliminado de ahí. También puedo realizar colaboraciones con otras personas, que pueden trabajar el mismo documento al mismo tiempo.

Language Tool

Una vez finalizada la escritura, viene la revisión del texto. Con la extensión Language Tool puedo realizar ajustes a mi texto, incluso en tiempo real. Language Tool es un asistente de escritura inteligente para todos los navegadores y procesadores de texto habituales. Si instalás la extensión, podés estar chequeando tus textos continuamente. Los errores serán subrayados en diferentes colores: errores de separación, de color rojo; errores gramaticales, en amarillo; problemas de estilo, en azul. También, podés ver sinónimos haciendo doble clic en una palabra. Esto lo hago en combinación con Lorca Editor.

Lorca Editor

Es la herramienta que mejora tu ortografía y gramática. Te muestra los errores que tu texto tiene y podés seleccionar opciones rápidas del panel para reemplazar las palabras y expresiones que necesitás corregir. Por ejemplo, palabras repetidas para reemplazarlas con sinónimos, que la misma herramienta recomienda. También encuentra adverbios innecesarios, y sugiere cambiarlos. Lorca Editor produce un índice de legibilidad del texto introducido. Cuantos menos errores tenga, más legible será. La aplicación también señala palabras o frases para que podamos reemplazarlas por otras palabras o expresiones que sean más comprensibles de entender para el lector.

Book Reader

Me permite releer un documento para saber si el contenido fluye. Esta aplicación viene a sustituir un viejo método que antes utilizaba para saber si el texto estaba listo o no para publicación: imprimir la hoja y luego leerla en voz alta. No creerás la cantidad de errores tipográficos que se suelen descubrir al leer el texto en voz alta. No solo te das cuenta de si el texto posee claridad en las ideas que estás tratando de transmitir, sino que también descubrir que algunas pausas te señalan la ausencia de comas, puntos o algún otro signo de puntuación. Este acto, de igual forma, te da un sentido de legibilidad que el silencio no te comparte y que puede dejar pasar por alto muchas palabras mal escritas. Esta aplicación sirve para textos en inglés como en español. Y hablando de esto, si trabajás como traductor y querés asegurarte de la pulcritud de tus textos te recomiendo Deepl Translator y Grammarly.

Deepl Translator

Si tengo un texto en inglés que deseo traducir a otro idioma distinto al español, esta es la aplicación por la que apuesto. Pero, ojo, no la uso de la manera en que están pensando. Mi lógica es que si un texto está bien escrito en español, no será difícil traducirlo al inglés. Entonces, Deepl Translator me sirve más como un asistente que puede hacer una primera traducción de un paquete grande de palabras. Claro que luego habrá que ir y revisar los pequeños detalles que la inteligencia artificial no es capaz de reconocer del habla humana. A esto le llamo traducción supervisada. Lo que me gusta de esta aplicación es que podés hacer clic en una palabra del resultado traducido y elegir de una lista de alternativas. El motor traduce el resto de la frase a partir de ahí usando esa palabra. Podés usar esto para jugar y refinar y reformular esas frases complejas que no tienen sentido en un idioma, pero que sí lo hacen en otra.

Grammarly

Si deseas escribir a un nivel profesional y casi nativo de inglés, te recomiendo Grammarly. Este es un asistente de escritura que te ofrece sugerencias específicas para ayudarte a mejorar tu escritura. Prioriza las sugerencias en función de tu configuración personal y de la forma en que el lector probablemente responderá a tu mensaje. Con un diseño mejorado que organiza los comentarios de tu escritura por temas, podrás entender de un vistazo no solo lo que puede mejorar, sino también por qué esas mejoras pueden ayudar a tu lector. Grammarly también te ayuda a corregir los problemas de gramática, ortografía y puntuación, y a revisar las frases que son gramaticalmente correctas pero con palabras poco claras.

¿CÓMO ESCRIBIR PARA QUE TE LEAN, ESCUCHEN O VEAN?

Existe una regla para todo contenido: la primera frase debe interesar; la segunda, informar. Es por eso que la gran diferencia entre escribir para la prensa escrita y escribir para cualquier otro medio de comunicación ya es visible cuando se redacta el título de un artículo. Mientras que en los medios impresos a menudo se requiere un título creativo que llame la atención de los lectores por su originalidad, para los textos en línea, por ejemplo, se prefieren títulos más sencillos e informativos sin elementos poéticos.

En los medios impresos, la ausencia de palabras clave en el título no es un error si el título llama efectivamente la atención de los lectores, mientras que esa práctica es casi inimaginable en la web. Por lo tanto, los títulos en línea deben ser claros, sin ambigüedades y deben apuntar al tema, lo que normalmente requiere el uso de palabras clave en el propio título. En otras palabras, los títulos en línea deberían ser sobre todo descriptivos. La razón principal de esto es que los textos online se encuentran principalmente buscando en las palabras clave los temas que nos interesan.

Por lo tanto, la ausencia de una de las palabras clave en el título en la web hará que el posicionamiento y la búsqueda de textos sea significativamente más difícil. **El uso de palabras clave es una de las principales reglas para escribir títulos online**. También debemos tener en cuenta el hecho de que la capacidad de atención de los usuarios de Internet es mucho menor que la de los lectores de los medios impresos, porque navegan en una fuente inagotable de contenido en la que es necesario encontrar exactamente lo que les interesa. Por lo tanto, es importante poder entender desde el título de qué trata la historia. El usuario medio suele buscar temas muy específicos y si no los reconoce en el título, las posibilidades de que "abra" el artículo son prácticamente mínimas.

La siguiente característica de los títulos en línea es **el gran éxito de los títulos que anuncian recomendaciones prácticas en el artículo**, es decir, títulos como: "Cómo...", "Deshacerse de...", "La mejor manera de...", "Lo que todo el mundo debería saber sobre...", etc. **Estos títulos atraen la atención de los usuarios**, por lo que se han hecho muy populares, especialmente en los sitios web especializados. Tales títulos pueden ser utilizados, pero sólo cuando el artículo ofrece realmente el contenido que ellos sugieren. De lo contrario, esta práctica será contraproducente.

No usés más de cuatro a seis palabras por título (entre 40 y 60 caracteres). Usá sólo palabras significativas. La primera palabra debe tener sentido aisladamente, ya que es la que toma el motor de búsqueda. Usá mayúsculas y minúsculas. Asegurate de que cada nueva página tenga su propio título. Evitá el uso de artículos (un, una, el, la y sus plurales).

Si vas a escribir titulares para la web, que sean breves. Usá un lenguaje claro y sencillo: los titulares ingeniosos pueden perder significado. No incluyás artículos (un, una, el, la y sus plurales). Poné como primera palabra la que tenga mayor significado. Mantené los títulos cómo si se tratase de un texto regular. Evitá usar gráficas porque pueden demorar en bajar. Evitá los 'teasers' — pueden funcionar en el texto impreso, pero como el usuario no sabe exactamente qué le ofrecen, lo más probable es que no espere a que baje la página.

¿CÓMO ESCRIBIR PARA LA WEB?

¿Cuál es la mejor manera de dar a conocer una noticia? ¿Qué debo decir y cómo lo debo decir en mis publicaciones? Los lectores que hacen clic a nuestro contenido no son y tampoco tienen el mismo perfil que el lector de un periódico impreso solía tener años atrás. En internet menos es más. Por lo general, los lectores quieren enterarse de lo que está pasando o quieren saber sobre el contenido de nuestra información en menos palabras, por eso es importante ir al grano, sin dejar de informar.

Estos trucos te ayudarán a mejorar la redacción de tus notas digitales:

1. Conservando la estructura de la pirámide invertida, se debe plantear de qué se trata nuestra nota en el primer párrafo con las preguntas: Qué, Cómo, Dónde, Cuándo, Quién y Por qué. (En

inglés esto se conoce como The 5w and a H). No hay que contestar todas las interrogantes en el primer párrafo pero sí en el cuerpo de la nota.

2. Procurar que el texto no exceda más cuatro líneas (dos ideas centrales) (pensá en términos de publicaciones de tuits, no más de 260 caracteres por idea) y recordá hacer pausas. Ojo, por lo general, el lector recibe la información en sus celulares o tablets, mientras está en el autobús, en movimiento o esperando hacer algo de mayor importancia. Cuando llegue su turno de ser atendido, dejará de leer y es probable que no vuelva a tu texto. Es como intentar matar a un pájaro con dos piedras. La primera línea es la piedra para matarle mientras está en la rama. La segunda, por si fallas en el primer intento y te toca matarle mientras escapa volando.Toma en cuenta que no hay tercera oportunidad, se te acabaron las piedras que podías tirar para matarle.

3. Tampoco abusés de las comas (","). Si hay más de tres en una misma oración, posiblemente podrías usar un punto y seguido (".") para darle un descanso al lector y continuidad al texto. Ojo, las "y" también ejercen

la función de "," y provocan pausas en la lectura. Si las usas de más, provocás paradas innecesarias durante la lectura y el lector va cayendo en una trampa de confusión que terminará desesperándole y provocando que deje de leerte. Escribir con más de dos "y" en la misma oración es como escuchar a un tartamudo leer en voz alta un trabalenguas.

4. Utilizar palabras claves, sencillas y titulares cortos, que sean fáciles de encontrar en los buscadores como Google y que además sean fáciles de recordar. Cuidado: *Google* solo reconoce las primeras 10 palabras de tu titular e ignora el resto del texto.

5. Escribe el texto en presente para que aún habiendo pasado el hecho, no pierda vigencia en las redes sociales, donde el pasado ya no vende. La rapidez con la que se mueve la información hace variar la importancia de los acontecimientos cada minuto.

6. De acuerdo a estudios, los usuarios leen la información en forma de "F", es decir que mientras hacen un breve recorrido por la información, escanean el texto y solo se quedan con lo que más les interesa.

Como observación extra, la escritura en pasado simple y la redacción sencilla también ayudan a que la información genere más impacto en el lector. Por ejemplo, **El hombre cortó a su víctima con un cuchillo**, no tiene el mismo impacto que si decimos: **La víctima había recibido varias heridas hechas con un cuchillo.**

¿CÓMO MEJORAR MI FORMA DE ESCRIBIR?

Para escribir mejor, primero hay que aprender a leer. Gracias a la lectura se adquiere vocabulario, expresiones y la estructura de un discurso escrito; además, esta es una forma sencilla de mejorar tu conocimiento sobre determinado contenido y potenciar tus habilidades de redactor.

En otras palabras, la lectura te ayuda a conocer e interiorizar algunas de las partes técnicas de la escritura, como: fluidez, estilo, gramática, puntuación, coherencia, cohesión, disposición de palabras, matices, inflexión, voz, tiempos verbales, etc.

Las faltas de redacción, sintaxis, ortografía, gramática y otros errores te permitirán reconocer la mala y la buena escritura. Por eso es recomendable leer diferentes tipos, estilos de libros y autores, incluyendo ficción y no ficción, para obligarte a desarrollar tu estilo como redactor de contenidos.

La lectura también es especialmente útil para quienes aprenden otro idioma porque te ayuda a comprender y a descubrir los matices del nuevo idioma. No te limites a leer solo aquello que te es de interés en tu campo o área de especialización en escritura. La lectura te ayuda a desarrollar el flujo natural y el ritmo de tu escritura. Esta es la clave para un buen guion.

¿CÓMO APROVECHAR A GOOGLE DOCS COMO HERRAMIENTA DE TRABAJO?

Google Docs viene con numerosas funciones no tan obvias que pueden ayudarte a hacer tu trabajo más eficiente. Es una aplicación que combina tres tecnologías: una hoja de cálculo, un procesador de textos y un creador de presentaciones, todo ello de forma gratuita. Pero estas no solo sirven para escribir o editar, como ya veremos.

Si querés volver a una versión anterior de tu documento de Google, podés ir a Archivo: Ver historial de revisiones. En el panel de la derecha, verás una lista cronológica de las versiones con marca de tiempo de tu documento. Elegí una y hacé clic en Restaurar esta revisión para abrirla. Siempre podés volver al historial de revisiones y elegir una versión más reciente para ver tus últimas ediciones. No hay forma de perder los cambios utilizando el historial de revisiones; elegir una versión anterior sólo la mueve a la parte superior de la lista del historial de revisiones.

Si preferís utilizar tu voz en lugar de tus dedos para escribir, probá la herramienta de escritura por voz de Google Docs. Desde la parte superior de un documento abierto, andá a Herramientas: Escritura por voz. Aparecerá una pequeña ventana con un gran icono de micrófono en el borde derecho de Chrome en la que podés hacer clic para activar o desactivar la escritura por voz. Esta opción sólo está disponible en el navegador Chrome.

No necesitás una conexión a Internet para utilizar Google Docs, aunque tendrás que estar conectado cuando configurés el uso sin conexión junto con Chrome. Desde la pantalla principal de Google Drive, hacé clic en el icono del engranaje situado en la esquina superior derecha y luego dale clic en Configuración. Marcá la casilla de la sección Sin conexión para Sincronizar los archivos de Google Docs, Sheets, Slides y Drawings con este equipo para poder editarlos sin conexión. Con el modo sin conexión activado, podrás ver y editar tus documentos cuando estés desconectado y los archivos se sincronizarán la próxima vez que te conectés a Internet.

CUATRO FORMAS DE CONTAR UNA HISTORIA

¿**A**lguna vez te has quedado en blanco esperando a que las palabras correctas salgan de tu boca para contar una historia? ¿Cuál es la mejor manera para hacerlo? Los programas extremadamente estructurados o encapsulados y rígidos pueden tener transiciones incómodas y parecer poco sinceros. La parálisis por el análisis te mantendrá atascado si no dejás que el contenido fluya naturalmente.

Otra cosa importante que recomendaría es que te pongás en contacto con otros podcasters o creadores de tu nicho y veas si están interesados en participar en tu programa, o viceversa. Aunque tené cuidado, porque puede que tengás que pagar dependiendo de su tamaño. No hay mucha gente que te ceda un espacio por la bondad de su corazón, a menos que sea algo que les apasione. También recomiendo tener una lista de ideas de temas para el programa y trabajar con algunas semanas de antelación. Es decir, grabá un montón de episodios pero tomarte tu tiempo para publicarlos. De este modo, siempre tendrás unos cuantos episodios nuevos listos para salir si te quedás sin voz o se produce alguna otra circunstancia de la vida.

No te abaratés con los micrófonos. Es un gran error que cometí al principio. Al contar una historia, no importa cómo empecés, aseguráte de hacer lo siguiente:

Enfocá bien tu idea.

Dejá claro ese enfoque para los oyentes.

Decile a tu audiencia lo que puede esperar (aprenderás equis o descubrirás lo que le sucede a este personaje/lugar/política, etc.).

Creá una sensación de movimiento o impulso.

Esto puede ser logrado mediante el uso de los siguientes métodos:

1.) Hacer una pregunta

Las preguntas pueden dar inicio a historias válidas. Si nos proponemos responder a una de ellas y decimos a los oyentes, casi al principio de la historia, cuál es nuestra misión, los llevamos de viaje. No conocen el destino, pero saben que tenemos uno. (Y sí, una pregunta clara puede llevar a otras, que podés utilizar para llevar tu historia adelante o para informar sobre otra historia). Las preguntas también comunican curiosidad. Cualquier pregunta puede no ser interesante. Pero si una pregunta refleja algo que mucha gente se pregunta, es más probable que la gente sintonice.

2.) Sumergirse inmediatamente en la narración

Tradicionalmente, las noticias de radio comienzan con una exposición: una introducción que ofrece algo de contexto y explica de qué trata la historia. Después, el reportero comienza con una escena. Sin embargo, entrar de lleno en la historia es arriesgado. La historia tiene que ser realmente convincente; de lo contrario, los oyentes empezarán a preguntarse hacia dónde se dirigen y perderán el interés. Las escenas no son lo mismo que la narración. Cuando decimos "narrativa", queremos decir que está ocurriendo algo. Muchas escenas radiofónicas carecen de narración: oímos los sonidos de una granja o de un tractor o a una granjera hablando de su trabajo, pero en realidad no pasa nada. Y tenlo en cuenta: Aunque nos encanta el sonido ambiente, se puede tener una narrativa sin escenas de ambiente. Eso significa que las personas y los lugares se presentan a través del sonido, y la narración es mínima (sólo lo necesario para contar al oyente lo que está sucediendo). Incluso los presentadores sentados en estudios estériles pueden meterse de lleno en la narración.

3.) Introducir un misterio

Los misterios son similares al planteamiento

de preguntas descrito anteriormente, con ventajas añadidas: El misterio es un género familiar para los oyentes con un atractivo narrativo incorporado. Los misterios tienen personajes centrales (o un reportero) que juegan a ser detectives, pistas en el camino y una revelación cerca del final. Por eso, cuando se introduce una historia de esta manera, el oyente sabe qué esperar. Es un poco como ver regularmente un programa de televisión; cuando ves un nuevo episodio no sabes qué va a pasar, pero sabes qué tipo de historia será. Y, dado que eres un espectador fiel, esperas que sea buena.

4.) Establecer primero el concepto

Este enfoque es el opuesto a sumergirse directamente en la narración. Algunas historias necesitan un trasfondo, un contexto o una base temática antes de sumergirse en ellas. Por eso, al poco de empezar el reportaje, el reportero hace una pausa y da un paso atrás. Señalamos estos momentos con indicaciones comunes como "Antes de seguir" o "Para entender X, primero tenemos que explicar Y". Esto puede ser difícil de hacer bien, ya que puede implicar retrasar la acción o pausar el impulso. Hay que captar primero al oyente y luego dar un paso atrás, por una buena razón. Este movimiento es muy, muy inteligente. Pide a los oyentes que piensen como el presentador investigador, que se involucren en el trabajo de detective de forma más personal de lo que lo harían de otro modo. También proporciona un control de la realidad, junto con una promesa: que la historia actual no se simplificará en exceso ni será sensacionalista. Pero las respuestas no llegarán fácilmente. Por eso, una apertura que se aleja de la acción puede ser una buena manera de elevar una historia más allá de sus hechos básicos, para darle profundidad y peso conceptual. Por último, sé que suena a cliché, pero hacelo. Deja de "tomártelo en serio" y de pensarlo todo. Simplemente hacelo.

¿QUÉ INCLUIR EN LAS NOTAS DEL EPISODIO DE TU PODCAST?

¿Cuál es la mejor descripción que se debe hacer del contenido de los episodios de un podcast? ¿Qué información debo incluir en las notas que acompañan a este audio?

1. Resumen del episodio

En cualquier aplicación para escuchar podcasts, debajo del título, la aplicación mostrará un fragmento de 5 a 10 palabras de las notas del programa. Si las notas del programa son la primera impresión del oyente, el comienzo de las notas del programa lo es aún más. Por eso, al principio de las notas del programa, añade un resumen del episodio. Debe ser breve (entre 40 y 100 palabras) y hay que prestar especial atención a las primeras palabras del resumen. Escribe la primera línea en coordinación con el título de su episodio. Una u otra debe ser una descripción muy clara de lo que trata el episodio. Por ejemplo, si tienes un título de episodio misterioso, explica concretamente el misterio en el resumen. Si tienes un título directo (como el nombre de tu invitado) tu resumen puede ser un poco más libre. En definitiva, haz siempre que tu resumen sea pegadizo, ya que estás intentando atraer a nuevos oyentes con lo interesante que es tu programa.

2. Enlaces publicitarios

Los anuncios de marcas con códigos de cupones únicos son el pan de cada día para que los podcasts ganen dinero. Para facilitar al máximo el canje de tu código a tus oyentes, añade tu código de descuento o un enlace en el que se pueda hacer clic directamente después del resumen de tu episodio. Cuanto más cerca esté de la parte superior de las notas de su programa, más probable será que los oyentes vean y compren los productos de sus anunciantes.

3. Enlaces oficiales

Hay otros enlaces, además de los publicitarios, que son cruciales para que tus oyentes se fijen en ellos. Con estos enlaces, estás tratando de atraer al oyente para que aprenda más sobre tu podcast, y potencialmente te dé dinero a través de tu Patreon, o comprando tu mercancía.

Incluye enlaces a la página web oficial de tu podcast, a la página de Podchaser, del episodio, a tu tienda de productos y a tu página de donaciones o Patreon. Todo esto es lo que se denomina CTA (Call to Action o llamadas a la acción). Redacta la introducción de cada una de estas CTA de forma que incites al oyente a actuar. Por ejemplo: "Revisa mi podcast en Podchaser" o "Apoya el programa en Patreon". Podés combinar muchos de estos enlaces en uno solo reclamando tu podcast en Podchaser. Una vez reclamado, podés editar tu página de Podchaser para que actúe como página de inicio oficial de tu podcast, tienda comercial y centro de reseñas, todo en un solo lugar: Enlaces a incluir, página web oficial, redes sociales, Podchaser, comunidad/financiación colectiva.

4. Luce a tu invitado (si tienes uno)

Ahora es el momento de promocionar a tu invitado y compartir cualquier enlace que quiera promocionar. Esto suele incluir sus redes sociales, su página de creador de Podchaser y enlaces a cualquier producto específico que estés intentando vender. El seguimiento de tu invitado después de haber grabado el episodio puede ser a veces engorroso, especialmente en un calendario de publicación apretado. Así que te recomendamos que le pidas a tu invitado que te proporcione todos sus enlaces con antelación.

5. Créditos para todos los implicados

Todos los que han trabajado en tu podcast merecen ser roconocidos por su trabajo. Al igual que en una película, indica el nombre de tus colaboradores y su papel en la creación del episodio. Asegúrate de incluir enlaces a sus perfiles de creador de podcasts. Añadir créditos beneficia a todos los implicados, ya que más enlaces significan más credibilidad SEO tanto para ti como para tus colaboradores. El algoritmo de Google asociará a tus colaboradores con tu programa y viceversa. Esto significa que la gente encontrará tu programa cuando busque a tus colaboradores y ellos encontrarán a tus colaboradores cuando busquen tu programa. En Podchaser este proceso de descubrimiento mutuo se agiliza, ya que los oyentes potenciales pueden descubrir rápidamente tu podcast a partir de los créditos de tus colaboradores en su perfil de creador.

6. Enlaces a temas interesantes que mencionaste

Esta sección puede ser a menudo la más larga de todas las notas de tu programa, así que es bueno que sea la última. Si la pones antes, el muro de texto azul subrayado puede asustar a los oyentes y hacer que no lean las notas completas. Eso no significa que los enlaces a los temas del programa deban ser una ocurrencia tardía. Muchos oyentes buscan las notas de programa de un podcast sólo por esta sección, así que asegúrate de hacerla lo más útil posible. Organiza los enlaces en orden cronológico, de arriba a abajo. Incluye marcas de tiempo con cada enlace si es posible, ya que esto ayuda a los oyentes a seleccionar los temas que les interesan si no tienen tiempo para ver el episodio completo. Aunque no incluyen marcas de tiempo, las notas del podcast *Do By Friday* son un buen ejemplo de cómo incluir enlaces a temas del episodio en las notas del mismo.

Formato

La presentación de las notas del programa es casi tan importante como el contenido de las mismas. Si el formato es incorrecto, los oyentes tendrán dificultades para encontrar lo que buscan. Aquí tienes algunos consejos para aumentar la legibilidad de tus notas de programa.

Utiliza texto en negrita para los encabezados de cada sección. Incluye emojis para facilitar la navegación. Utiliza viñetas. Añade hipervínculos a palabras y frases en lugar de pegar la URL completa.

EJEMPLO DE SHOW-NOTES

Resumen

Perros y gatos, ¿enemigos naturales? En este episodio, hablamos de todo lo relacionado con los caninos y mininos y descubriremos el origen de su disgusto. ¿Están con nosotros o contra nosotros?

Escucha el episodio para descubrirlo.

Autopromoción

�� Consigue un 25% de toda la mercancía de cuadrúpedos en catdog.example.com usando mi código: CATDOG

☆ Valora este episodio, compra nuestra mercancía y conoce más sobre el programa en escueladelpodcast.com.

�� Apoya el programa en buymeacoffee.com/escuelapodcast

�� Apoya nuestro emprendimiento y compra tu equipo en escueladelpodcast.com/shop

Invitados y créditos

 Sigue a nuestra invitada, Minina Firulais, en Twitter: @lindagatita.
✂ Editado por Félix Montelara - Síguelo en escueladelpodcast.com
�� Producido por Diego Murcia - Síguelos en escueladelpodcast.com
�� Música de @pussydog

De qué hablamos en el episodio

Los gatos son técnicamente leones
Datos curiosos sobre los perros
Los mejores podcasts de gatos que doman dueños

Hashtags

#gatos   #perros   #miau   #guau   #dogperson
#catperson

¿CÓMO MEJORAR TUS PRÁCTICAS DE SEO?

El posicionamiento en buscadores, optimización en motores de búsqueda o SEO es un conjunto de acciones orientadas a mejorar el posicionamiento de un sitio web en la lista de resultados de Google, Bing, u otros buscadores de internet. Si deseas vencer al algoritmo y querés que tu contenido aparezca por todos lados, debés dominar los siguientes fundamentos de SEO:

Define tu nicho de mercado: ¿quién es tu audiencia? Hasta que no sepas quién es tu audiencia, qué es lo que quiere, y se lo ofrezcas de forma consistente, no tiene mucho sentido gastar tiempo, energía o dinero en cosas como publicidad o similares.

No escribas para la gente. Dedica más tiempo

a tus títulos, amplía tu descripción en tu sitio web para que Google te encuentre. Por su lado, Apple Podcasts sólo busca el título del programa, el título del episodio y el campo del autor.

Vive en tu propio dominio, no en el dominio de tu alojador. Los míos son: bitextuales.com y escueladelpodcast.com. Solo así podrás tener control verdadero sobre tu contenido y las estadísticas que se generan gracias a él.

Crea páginas de episodios separadas para cada uno de ellos, cada una con un reproductor, enlaces de suscripción y escribe buenas notas del programa (show-notes) con al menos tres párrafos de información, utilizando palabras clave más importantes de tu contenido. Las transcripciones no son notas del programa y pueden ser confusas para el SEO. Asegúrate de que tus etiquetas de título SEO y las etiquetas de descripción SEO estén configuradas, sean descriptivas y tengan la longitud adecuada. La **etiqueta de palabras clave** no es importante para Google, no te preocupés por ella.

Asegúrate de que tus rutas **URL** tengan una **cadena corta en el último segmento** que coincida con el título. Por ejemplo: escueladelpodcast.com/shop o bitextuales.com/servicios.

Para las **imágenes**, asegúrate de que tienes las etiquetas de texto alternativo, a ser posible con palabras clave importantes. Todas las imágenes deben estar comprimidas para un buen rendimiento web.

Tu página debe estar optimizada para adaptarse a dispositivos móviles, tablets o computadoras. En cuanto a tu página de inicio (landing page), no la hagas demasiado complicada. Solo necesitas tener un párrafo de texto descriptivo cerca de la parte superior para que Google lo indexe, describiendo de qué trata el podcast.

El **nombre de tu podcast** debe ser **sencillo y descriptivo** sobre el tipo de contenido que produces. No peques de extravagante. Busca atraer a otros sitios de buena reputación para que enlacen sus páginas a las tuyas. También podés añadir enlaces a páginas de Wikipedia que se apliquen al contenido de tu episodio. Pide a tus invitados que incluyan enlaces a tu sitio web. Siempre que hagas marketing, nunca dirijas a los usuarios para que visiten sólo a Apple, Spotify, Linketree, Podfollow, etc. **Dirígelos a la página de episodios de tu sitio web**.

Con el tiempo tu autoridad en Google crecerá. Utiliza un comprobador de autoridad de dominio online para ver cómo te va en comparación con otros sitios de podcast de la competencia.

¿PARA QUÉ SIRVE EL GUION?

¿Cómo guionizar mi podcast? ¿Qué elementos incluyo? ¿Cómo los identifico? Si no sos una persona elocuente, te conviene tener un guion o escaleta. Si sos una persona a quien se le da bien improvisar, lo mejor es tener un listado con los puntos más relevantes que compartirás al momento de encender el micrófono.

Cualquiera que sea tu situación, esta información te será de utilidad para armar ese mapa mental de ideas que darán forma a los episodios de tus podcasts. Lo primero que hay que hacer es puntualizar cuáles son los componentes que conformarán tu podcast para entregar el material más relevante a tu audiencia. Eso es el esqueleto. Una vez definido, hay que ponerle contenido, esto es la carne. Lo tercero es afinar tu estilo de escritura para que sea conversacional, con un lenguaje amigable, limitando el uso de jerga o palabras complicadas, para que a tu audiencia le sonés natural.

El primer segmento de tu guion es el más esencial de todos. Dicen que la atención de una persona se captura o se pierde en menos de tres segundos. No desperdiciés el tiempo de la gente ni el tuyo dando contexto que nadie te pidió. Si no entrás en materia en los primeros tres párrafos, despedite de tu audiencia. Para que no te pase esto, no le des vuelta al asunto: aclará de qué va el episodio en no más de tres líneas. Podés usar un formato de preguntas (¿Cuál es la mejor manera de construir un robot?), en forma de descripción (Agua, sal y arena, las mejores herramientas para crear la bomba neurótica), con formato de listado (5 tips para hacer llover dólares) o usá el viejo truco del titular bien trabajado (fallece por segundo día consecutivo una mujer de 103 años).

Todos los segmentos subsiguientes de tu guion pueden ser más profundos y centrarse en áreas específicas de interés. Dependiendo de la calidad del contenido, cada segmento no debe tener más de 2 a 4 párrafos. Te aconsejo incluir la duración de cada parte del guion, pues esto te ayudará a mantenerte al día con la duración de tu episodio de podcast. También podés estimar cuántas palabras caben cómodamente en la duración de tus episodios de podcast para ayudarte a orientarte a la hora de escribir los guiones.

Ahora, ¿qué partes hay que incluir?

Intro: [Acá se dice el nombre y el tema de tu podcast, tu nombre y quién sos, de qué vas a hablar y tu llamada a la acción] El orden de estos factores depende de vos. Luego ponés a un lado la duración de esto. La forma de escribir la duración de un segmento de audio es 00:00:00. Los primeros dos ceros corresponden a la hora, los siguientes a los minutos y los últimos a los segundos.

Vamos con *Jingle*: Este sonido se repite al principio de cada episodio para ayudar a los oyentes a identificar fácilmente tu podcast. Poné el nombre del audio que hará las veces de cintillo musical y su duración.

Ahora viene el asentamiento de los temas. Si es más de uno, o si es un tema de larga duración, tal vez querrás incluir segmentos vocales o musicales en tu podcast para indicar cuando pasás a un nuevo tema, segmento o simplemente darle un descanso al escucha. Podés hacer una transición con una frase o podés usar un efecto de sonido o un corto clip de música para tus segmentos.

¿Cómo preparar un guion?

¿Qué elementos debo tomar en cuenta para crear una escaleta? Como periodista, estoy acostumbrado a planificar en todo momento para obtener la información necesaria para publicar. Esto mantiene el foco de las actividades y ahorra tiempo. Cuando empecé a usar estas habilidades para el podcasting, la transición no fue difícil. Tener un mapa de ruta siempre facilita tu trabajo porque te prepara para el cabal cumplimiento de tus objetivos, pero también para los contratiempos y para saber qué hacer en caso de que haya de cambiar de ruta. Es por eso que nunca dejaré de hablar de las bondades del guion o escaleta. Y ojo, no quiero que con esto pensés que esta herramienta solo tiene uso al momento de grabar. Si aprendés la base de su estructura, verás que hay más aplicaciones de las obvias, fuera del estudio.

Antes de sentarnos frente al micrófono hemos de planificar lo que vamos a hacer. Una forma de hacerlo es el empleo del guion, el esqueleto del programa. La idea de esta es hacer una relación de los puntos básicos que querés contar, ordenarlos con cierta lógica y buscar una estructura sencilla.

Se le llama escaleta porque tiene una forma escalonada en la que se van depositando las distintas partes de nuestro contenido. El guion nos permite diseñar la estructura general del programa que vamos a producir y a organizar sus elementos, en este caso: los temas a tratar, los recursos sonoros a emplear y el tiempo aproximado en que estos elementos serán ejecutados. Pero, antes de enseñarte cómo hacer un guion, necesitás aprender a escribir para el oído:

1. Procurá ser sencillo, usá palabras claras y de fácil comprensión.

2. Utilizá frases cortas.

3. Ante cualquier tema, no intentés abarcar todo; es mejor contar poco, pero explicarlo bien.

4. Utilizá los signos de puntuación ajustándote más a tu ritmo y a tu forma de hablar que a las convenciones escritas.

5. Si das cifras, que sean cifras redondas. Estos números deben estar escritos en tu escaleta en palabras, no con dígitos. Será más sencillo así evitar que tartanudeés cuando les estés dando lectura.

6. Si no te sale de forma natural, para que no se note que estás leyendo, sonreí mientras hablás. Es bueno también que, de vez en cuando, practiqués la lectura en voz alta frente a un espejo.

La escaleta

Para elaborar un guion necesitás tener presentes: música, palabra, sonido, silencios... También debés tener dominio de cierto vocabulario que se usa para ejecutar indicaciones técnicas de producción, post producción o edición:lo que vamos a decir y las secciones musicales o efectos que vayamos a emplear. Para ello, es necesario organizar los elementos de manera tal que cualquier persona que lea este documento sepa qué hacer y qué momento, sin importar si estás trabajando en un video o en un audio.

Por lo general, el texto del guion se escribe desde la mitad del folio hacia la derecha, a doble espacio, pero vos podés separar las partes de indicación como mejor te funcionen. Lo importante es poder diferenciar todas sus partes a simple vista.

En mi experiencia, el uso de mayúsculas ayuda a la lectura del contenido y reduce la posibilidad de tartamudeos cuando se lee. En esta mitad se coloca la información de tu contenido. Este texto se puede usar con facilidad en un teleprompter, si requerís hacer uso de ello luego. El margen izquierdo del folio está destinado al montaje musical o sonoro. Se hacen aquí las anotaciones para la producción, posproducción o edición.

Debemos indicar también qué persona habla. Si hay varios se pueden numerar, o poner sus nombres. Otro aspecto a tener en cuenta es la velocidad de lectura. No debemos pasar de las 160 o 170 palabras por minuto.

Y llegamos al final; el guion debe terminar agradeciendo la escucha y despidiéndose con la sintonía de salida.

EJEMPLOS DE GUION

1

Tema 1: [Establece cuál es tu tema general y desarrollalo] (Duración)
Tema 2: [Establece cuál es tu tema secundario y desarrollalo] (Duración)
Interludio: [Pausa musical o anuncio del patrocinador. Si no hay nada de esto, podés usar

las transiciones de las que te hablé hace un rato] (Duración)

Tema 3: [Discutir un punto, tema o segmento en detalle y desarrollalo] (Duración)

Tema 4: [Discutir un punto, tema o segmento en detalle y desarrollalo] (Duración)

Jingle: Repetí la cortina musical de tu podcast para ayudar a los oyentes a identificar el jingle con tu programa (Duración)

Outro1: [Agradece a la audiencia, a los invitados; habla del próximo episodio, o hacé una última llamada a la acción para que tu audiencia haga algo relacionado a tu programa] (Duración)

Outro2: [También podés dar los anuncios parroquiales que te interesa que tu audiencia conozca de vos o de tu programa] (Duración)

2
TÍTULO DEL PODCAST
Número de la temporada
Número y/o nombre del capítulo

ESCENA 1. LUGAR. EXT./INT. DÍA/NOCHE: Esta es la descripción general de dónde nos situamos auditivamente. Esto es particularmente importante para quien haga el diseño sonoro o la edición de audio.

LUGAR: nombre del lugar en donde nos encontramos. Puede ser general: "HABITACIÓN DE UN APARTAMENTO", o específico: "PLAZA BOLÍVAR". Si tu show es, por ejemplo, un show de entrevistas y el lugar es irrelevante lo podés omitir.

EXT./INT.: acá debés indicar si estamos en un interior o exterior. Por ejemplo, una habitación es INT. y una plaza es EXT. A veces dentro de una misma escena oímos el interior y el exterior, por lo que podés dejar las dos.

DÍA/NOCHE: debés indicar en qué momento del día nos encontramos. Una plaza pública sonará muy diferente en el día y en la noche.

Huella sonora del podcast: Acá mencionas el nombre o la frase que hace que te identifique frente a los demás.

Jingle del show: (En este formato podés poner sonidos recurrentes que no necesiten una descripción específica. Como la huella sonora de tu show, el jingle, el intro, etc.).

Sonido (Acá debés poner una descripción específica de qué debe sonar y cómo (si hay algún efecto de sonido o transición de audio específica). Trata de ser los más específico o específica que puedas. Esto ayudará a que no se quede ningún sonido sin grabar y le facilitará el trabajo a quien edite el audio.): voces de pregones de las y los vendedores en la plaza se funden con una música alegre. Se escucha con mucha reverberación el aleteo de las palomas al despegar.

FADE OUT: Así indicas las transiciones de audio. Las más comunes son los fundidos de entrada y salida (fade in. y fade out.) y el corte (cut to.).

PERSONAJE/NARRADOR (Nombre de quien va a hablar. Puede ser el nombre de host, del invitado, de un personaje de ficción, etc.)

(Acotación) (Las acotaciones son para indicar algo específico de cómo se debe decir el texto. Por ejemplo: "llorando", "con entusiasmo", "Muy rápido y sin hacer pausas". Esto te puede ayudar a la hora de grabar para hacer tu locución más interesante.)

PERSONAJE 2

Texto que dice el personaje.

Sonido: descripción del audio.

PERSONAJE 2

Texto que dice el personaje. *(Acotación)* Texto que dice el personaje.

CUT TO.

ESCENA 2. LUGAR. INT. NOCHE.

Sonido: descripción del audio.

PERSONAJE 1

Texto que dice el personaje.

OUTRO.

¿PARA QUÉ SIRVEN LOS METADATOS?

¿Cómo crear, editar y producir ID3 tags o etiquetas de metadatos? ¿Son necesarias o puedo prescindir de ellas? Una etiqueta ID3 permite al creador de un archivo de audio incrustar información relevante como el nombre del artista, el título de la pista, el álbum, el número de pista y el género al que pertenece, permitiendo que esa información viaje con el archivo. Esta capacidad es especialmente útil para archivos multimedia, como podcasts, que han sido sindicados, descargados o intercambiados a través de Internet independientemente de las páginas web en las que se alojaron originalmente.

Al reproducir una canción en cualquier programa o reproductor portátil, es probable que hayas notado esa información que se muestra con esa pista que tanto te gusta:
título de la canción,

número de pista,
título del álbum,
nombre del artista, y
foto del álbum.

Toda esta información se muestra sin importar cuál sea el nombre del archivo. A esto se le llama metadatos. Algo así como datos, dentro de datos. Y como te expliqué, esta info se adjunta al archivo a través de etiquetas ID3.

¿Por qué son importantes las etiquetas ID3?

Si no fuera por tus etiquetas ID3, entonces alguien que descargue "podcast001.mp3" nunca vería: el nombre del episodio, el orden cronológico del episodio, el podcast al que pertenece, de qué se trata el episodio, o, incluso, el arte de la portada del podcast (lo que se muestra cuando se reproduce un episodio individual).
Parte de esto es auto-generado por alojadores como Apple Podcast cuando se descarga tu archivo desde tu feed RSS. Pero siempre es mejor etiquetar manualmente cada archivo para que haya una información estandarizada que aparezca en cualquier plataforma en la que se reproduzca tu audio..

¿Qué introducir en las etiquetas ID3?

Hay campos dados por sentado, aunque, si trabajás usando Audacity, o programas similares, podés asignar tus propias etiquetas. Por lo general, podrás darle nombre a los siguientes elementos:

Pista: tu número de episodio. Esto ayudará a ordenar los episodios cronológicamente si un reproductor no lee las fechas publicadas o modificadas.

Título: El título de tu episodio, igual que tu entrada en el blog o tus redes sociales.

Artista: el nombre del presentador del episodio o el nombre de la persona que produjo el audio.

Álbum: el título de su podcast (recuerda, este es su programa completo, no sólo un episodio individual).

Año: el año de lanzamiento.

Género: elegir lo que sea más apropiado o "Podcast".

Comentario: un breve resumen de tu episodio. Esto podría ser el mismo que tu extracto de WordPress, o simplemente la dirección web de tus show-notes.

Portada/carátula del álbum- podcast. Si no tienes una, contrátame para que la diseñe por ti.

¿CÓMO HACER QUE TU AUDIENCIA SE INTERESE EN TU CONTENIDO?

¿Los oyentes de los podcasts no se incorporan como esperabas? ¿Te sientes deprimido? Hay una manera predecible y medible de hacer que tu podcast sea algo que la gente ame.

1. Inspira el compromiso. No hagas exposiciones aburridas y monótonas. Tu contenido tiene que provocar emociones, positivas o negativas. Seguir la línea y ser políticamente correcto te lleva a tratar de decir algo sin decir nada. En su lugar, crea contenido de forma tan intencionada para tu gente que todo lo que consigas sea un positivo neto.

2. Preséntate con coherencia. Consistencia = Confianza. Los oyentes necesitan saber que tus episodios estarán listos para ellos según lo programado y con una calidad fantástica cada vez.

3. Transmite tu autenticidad. Si sólo estás transmitiendo información en tu episodio, "enseñando", ¿importa si lo dices tú o alguien más? No. El diferenciador y el elemento aglutinador de tu contenido es tu autenticidad. La experiencia única y vivida que sólo tú podés sacar a la luz. Un truco para empezar: la especificidad es la madre de la autenticidad. Las minucias que te parecen irrelevantes importan más de lo que crees. Cuanto más específico sea el escenario en el que se desarrolla la historia, más auténtico resultará.

4. Haz que la gente pase a la acción. Si no lo hacen es porque tus llamados son demasiado abrumadores. Simplifica tu contenido para que la gente pueda hacer algo con él de inmediato. Recomiendo 3 impulsores de la acción:

a. Aprovechar los motivos que les llevan a actuar

b. Limitar la petición a una sola cosa (obviamente)

c. Enmarcar previamente la acción

5. Haz que tu contenido sea compartible. Los 10 mejores gráficos obtienen tantas compartidas, que el coste de comprar tu entrada es imposible. En su lugar, encuentra tu ventaja en entender las razones por las que la gente comparte:

    a. Por estatus o identidad online

    b. Para fortalecer sus relaciones

6. Crea algo altamente valioso regalando tu mejor material. Y seguro vas a decir: "¡Si regalo lo mejor de mí, no valorarán lo que vendo!". Falso. De hecho, es todo lo contrario. Por ejemplo: Patt Flin tiene múltiples cursos online agotados y boletines de noticias pagados. Literalmente le chulean varias veces a la semana con las mejores ideas de negocio para ganar dinero con su podcast. De forma gratuita. Esto es publicidad gratuita que de otra forma le costaría una fortuna.

¿CÓMO HACER QUE LOS MEDIOS PUBLIQUEN TU HISTORIA?

La publicidad en los medios de comunicación es, en muchos sentidos, una actividad oportunista. Ciertas situaciones facilitarán la cobertura de los medios de comunicación porque tu trabajo tiene mayor "valor noticioso", o interés, para el público. Algunas de estas ocasiones son: Acontecimientos locales, regionales o nacionales que se relacionan bien con el trabajo de su organización.

En el caso de que no tengas una noticia de última hora que lanzar a los medios de comunicación, tienes que crear tu propia noticia. Utiliza tu imaginación para dar un lavado de cara a hechos o cifras aburridas y a noticias antiguas.

Algunas pautas para contactar con medios de comunicación

Preparar un guión de lo que se dirá por teléfono o por correo electrónico. Un discurso telefónico no debe durar más de tres frases, y los aspectos más destacados de un correo electrónico deben figurar en el primer párrafo, con más detalles a continuación.

Tener listos los antecedentes y las hojas de una página que describen el problema (y la solución). Si se publican documentos o informes completos, ten un resumen ejecutivo en lenguaje sencillo y un comunicado de prensa. Asegúrate de que tus estadísticas y "matemáticas sociales" son precisas. Asegúrate de que tu investigación es reciente, exhaustiva y creíble.

Tener otros sujetos de entrevista preparados, un experto imparcial o un investigador que analizó los datos que estás presentado.

Planear un paso de acción que muestre cómo propones resolver el problema que has sacado a la luz.

Ser capaz de anticipar cualquier otra pregunta que pueda hacer el periodista.

Buscar a los reporteros que se interesarían en tu noticia

Deberías leer los periódicos en los que te gustaría aparecer y ubica a los periodista con los que te gustaría hablar. Si tu contacto inicial no está interesado, pregúntale si puede remitirte a otro periodista más adecuado.

No llames a los reporteros a última hora del día, cuando tienen que cumplir un plazo de entrega. Si son más de las 5 de la tarde, mejor llámales al día siguiente. Las mejores horas son entre las 10 de la mañana y las 2 de la tarde.

Sé breve. Sólo tienes unos instantes para captar su interés. Muéstrate relajado, tranquilo o entusiasmo cuando las noticias sean buenas o indignado cuando sean malas. El periodista se guiará por ti.

Si te salta el contestador automático, deja un mensaje sustantivo con un número de devolución de llamada. Llama a diferentes horas para intentar comunicarte, pero no dejes varios mensajes.

No llames en el último momento, a menos que tengas una noticia de última hora.

Ten en cuenta los plazos de los periodistas y respétalos. Dales tiempo suficiente para que hagan el mejor trabajo posible con tu historia.

¿DÓNDE PONER EL NOMBRE DE TU INVITADO?

En el título. Cuando estés creando los títulos de tus episodios, si tenés un invitado, lo mejor es lucirlo. Por eso hay que poner su nombre en la mera marquesina. De lo contrario, no aparecerá en las búsquedas, según una investigación de Podnews. (How people find your podcast in apps - who indexes what?).

Para algunos, un título puede ser otra forma de expresión creativa, mientras que para muchos - especialmente los que hacen podcast por motivos de negocio, o con planes de monetización- puede parecer un trabajo de base esencial para conseguir nuevos oyentes en las búsquedas.

Durante años, la opinión predominante ha sido que el nombre del podcast y los títulos de los episodios son el factor más importante, pero es de suponer que una buena descripción, detallada pero no demasiado larga, puede ayudar a captar algunos de esos términos de búsqueda que son relevantes pero que serían demasiado spam para ponerlos en el título.

Bueno, más o menos. La verdad es que ese no ha sido nunca el caso de Apple Podcasts, que sólo se preocupa por los títulos y las etiquetas de autor. Pero, ¿qué pasa con el creciente número de directorios de podcasts igualmente importantes o complementarios? ¿En qué debemos centrar nuestros esfuerzos si queremos que los episodios aparezcan para términos de búsqueda relevantes, y cómo podemos evitar llenar nuestros títulos con ensalada de palabras?

Puntos clave

Apple Podcasts sólo busca el nombre del podcast, los títulos de los episodios y las etiquetas de los autores (esto puede no ser una novedad para muchos podcasters de la vieja escuela, ya que ha sido la sabiduría que ha prevalecido durante mucho tiempo).

Nadie indexa la etiqueta de copyright. Probablemente no sea una sorpresa.

Nadie indexa la etiqueta podcast:persona. Esto me ha sorprendido.

Las aplicaciones dan más importancia a los datos a nivel de podcast que a nivel de episodio.

El SEO de las aplicaciones de podcast no es una estrategia viable. El panorama de la búsqueda de podcasts dentro de la aplicación necesita mucha atención.

Recomendaciones para titular un podcast

Si ya estás trabajando con las mejores prácticas, nada de estos resultados debería cambiar tu comportamiento. Tal vez elimine un par de cosas de la cadena, ya que realmente no importa si tienes un conjunto relevante de palabras clave en tu *feed*, por ejemplo.

Como productor de podcasts, esto ayuda a consolidar ciertos puntos clave:

Si tienes un invitado, pon su nombre en el título de tu episodio, especialmente si es el tipo de nombre que la gente buscará en las aplicaciones de podcast. Dicho esto, los títulos de los episodios no están indexados universalmente. **No confíes en la búsqueda de aplicaciones de podcast para ser descubierto.**

Parcast tiene una estrategia de SEO a la hora de titular sus podcasts que puede merecer la pena considerar. Cada episodio de los diversos temas de alto interés que hacen es literalmente el nombre del contenido proporcionado. Si alguien pudiera retroceder en el tiempo y ser dueño de un blog sobre vampiros o camping sería millonario, que ha sido el poderoso nicho al que Parcast y LaunchPod Media se han dirigido y están capitalizando.

En una generación en la que la mayoría de los dominios tienen dueño y la gente ha tenido que volverse más inteligente para comprar los importantes, descuidamos la naturaleza del salvaje oeste del espacio del podcasting. Esta visión honestamente antigua del SEO de los podcasts, donde el creador titula su programa con un nombre arbitrario con poca o ninguna conexión con su contenido, debería tener a todos los millennials conocedores de las búsquedas diciendo "*Ok Boomer!*".

Tal vez en lugar de nombrar tu podcast con algo creativo y lindo, tal vez lo simple no sólo es mejor, sino la mejor opción.

¿CUÁL ES LA DESCRIPCIÓN DEL TRABAJO QUE HACE UN PRODUCTOR DE PODCASTS?

Con la diversificación del oficio podcastero, ¿quién debe ocuparse de lo que ocurre tras el micrófono? ¿Cuál es la función de esta persona y cómo se delimitan sus funciones? El trabajo de los productores consiste en planificar, escribir fragmentos/segmentos, programar entrevistas, planificar la promoción previa al lanzamiento y el marketing posterior al mismo, muchas veces editando y también asegurándose de que el presentador tiene todo lo que necesita para hacer su trabajo lo mejor posible.

Esto también incluye ser editor, organizador de invitados e investigador. Además de programar citas con invitados, realizar edición de audio y vídeo, hacer promoción en las redes sociales, asegurarse de publicar el podcast.

El productor prepara el montaje, empaqueta, realiza comprobaciones previas de vídeo y audio, se convierte en un verificador de hechos, un gestor de redes sociales y se encarga de la distribución en la plataforma.

Ahora bien, dado el estado actual del podcasting, rara vez es el anfitrión o "el talento", y no suelen estar más preparados para hablar por el micrófono que los propios invitados que tienen en sus programas.

Teniendo esto en cuenta, el productor también trabaja con el presentador para ayudarle a dirigir y guiarle para que perfeccione su arte. Le da consejos, graba los programas, le sugiere mejoras, etc.

Sin ellos, la calidad, el horario, el contenido, el crecimiento, el desarrollo de la marca y la colaboración podrían resentirse y afectar al programa de forma significativa.

Pero si realmente sos un productor, y tu talento es realmente el protagonista, entonces deberías estar tranquilo.

¿CÓMO ESCOGER A UN MENTOR?

Un mentor puede compartir con un alumno (o protegido) información sobre su propia trayectoria profesional, así como proporcionarle orientación, motivación, apoyo emocional y un modelo de conducta. También puede ayudarle a explorar carreras, establecer objetivos, desarrollar contactos e identificar recursos manteniendo al mismo tiempo una relación amistosa y de apoyo.

Encontrar un mentor puede ser un proceso orgánico, pero es esencial ser proactivo y prepararse para una relación de mentoría exitosa. He aquí algunos consejos:

Determina lo que querés de tu carrera. El primer paso para encontrar un mentor es definir lo que querés de tu carrera. No tienes que planificar toda tu trayectoria profesional, porque pueden surgir oportunidades y direcciones inesperadas.

En lugar de esto, define lo que querés a corto plazo para tener un camino claro hacia adelante.

Identifica quién tiene el trabajo de tus sueños. Piensa en tu trayectoria profesional y redúcela para determinar quién tiene el trabajo de tus sueños y a quién admiras. Acércate a alguien con quien te sientas cómodo y que pueda ser una caja de resonancia neutral y que también te proporcione grandes consejos. ¿No sabes por dónde empezar? **Examina tu círculo profesional.** Las personas de tu círculo profesional pueden ser antiguos jefes, antiguos profesores o maestros, compañeros de trabajo de otro departamento, personas que conociste en un programa de prácticas y amigos de la familia.

Busca a personas que entiendan tu función y tu sector. Busca a alguien que pueda aconsejarte sobre cosas como los nuevos proyectos, las certificaciones y la formación que necesitas para avanzar, así como sobre cómo manejar la política de la oficina dentro de tu organización.

Una vez que estés preparado para ponerte en contacto con alguien, es importante que las cosas sean informales. Tu acercamiento a un posible mentor debe ser el mismo que el que tendrías con una amante: tu relación se desarrollará con el tiempo. No hay que forzar las cosas; hay que estar relajado. Las lecciones y los consejos llegarán con el tiempo.

¿CÓMO PUEDES MEDIR EL PROGRESO DE TU PODCAST?

En este juego aprenderás que los números no lo son todo. Creo que la medición del programa no tiene por qué ser totalmente analítica. También puede ser psicológica. Si lo haces por diversión y te diviertes con él, puede que eso sea todo lo que necesites.

Si lo que buscas es el patrocinio, quizá debas hablar con algunas empresas que se identifiquen con tu podcast y ver qué buscan en un podcast para trabajar con él.Ese sería tu indicador de cómo es el éxito del podcast.

Si está sirviendo a tu propósito y al de tus oyentes, ¡eso es todo lo que tiene que ser! Sin embargo, no podés confiar únicamente en el crecimiento orgánico.

Comentar en otras publicaciones, aparecer

como invitado en otros programas, interactuar con otros creadores y personas influyentes en tu mercado, y crear microcontenidos fácilmente compartibles de tus episodios son grandes maneras de conseguir que nuevas personas se interesen por tu contenido.

¿POR QUÉ LOS PODCAST DESAPARECEN?

Hay un millón de razones por las que un podcast termina. El más grande es probablemente el desánimo por no tener suficientes descargas. El hecho de que se necesita trabajo. También, que se queden sin ideas para los episodios.

El podcasting no es para todos. Eso no significa que haya habido un fracaso. Significa que han intentado algo, y han aprendido algunas cosas o se han dado cuenta de que no quieren hacerlo más, y siguen adelante.

Hay algunas razones principales por las que veo que la gente fracasa y ambas provienen de una ignorancia total del podcasting.

No tener un "éxito" instantáneo o poner el listón del éxito demasiado alto desde el principio.

No darse cuenta de la cantidad de trabajo que conlleva un podcasting bueno y consistente.

La falta de "likes", "views" y "followers". La gente cree que si su podcast no le gusta a nadie inmediatamente asume que está fracasando.

Falta de planificación. Si no sabes de qué vas a hablar en los próximos 40 episodios, no empieces un podcast.

Por lo tanto, cuando una persona decide abandonar el podcast es porque el compromiso de tiempo era mayor de lo esperado, los copresentadores no encajaban, no era tan agradable como se esperaba, el marketing era demasiado duro, o simplemente era demasiado difícil pensar en material nuevo cada episodio.

¿CÓMO HACER ANUNCIOS PARA TU PODCAST?

Un formato sencillo para usar cuando escribas los puntos del copy de tu anuncio es: Intro → Visión general → Experiencia personal → Formato de llamada a la acción.

Y a grandes rasgos, así es como debería verse:
Intro - ¿Cuál es tu producto/servicio/marca?
Ideas para empezar: ¿hay algún problema que tu producto pueda resolver? ¿un vínculo con las vacaciones o los acontecimientos actuales?
Visión general - ¿Por qué debería interesar a los oyentes?
Proporciona información específica sobre las características y ofertas que hacen que tu producto o marca sea excelente.
Experiencia personal - ¿Qué les pareció a los

presentadores? Este es el espacio para que los presentadores se sumerjan realmente en su experiencia con el producto. Proporciona preguntas orientativas sobre cualquier aspecto en el que quieras que se centren.

Llamada a la acción - ¿Dónde pueden los oyentes hacer una compra u obtener más información?

Incluye la URL de tu sitio web dos veces, así como tu oferta o código promocional (si procede). Las URLs personalizadas deben ser cortas, dulces y fáciles de recordar para los oyentes, por ejemplo: bitextuales.com/cafe

¿CUÁL ES LA MEJOR MANERA DE LEER UN ANUNCIO PARA TU PODCAST?

Cuando aceptes el anuncio de acogida, pide a la empresa que te deje probar el producto, sin coste alguno. La cantidad de dinero que gastarían en una prueba de 7 días o en una muestra del producto es significativamente menor que las multas de la FTC. Si se niegan, ¿realmente querés respaldarlos?

Digas lo que digas, sé sincero. Seguro que es divertido decir que una bebida energética "te da alas", pero tal vez sea mejor decir que te dio la energía para limpiar la bañera si ese es el caso.

Empieza con puntos amplios que los presentadores puedan utilizar como punto de partida para transmitir su mensaje. Nunca debe parecer un guión. Si lees tu texto en voz alta y suena como algo que escucharías en la radio de la mañana, has ido demasiado lejos.

No intentes dictar los pensamientos, sentimientos o acciones de los presentadores. Deja que esto se produzca de forma natural proporcionando puntos de redacción que den a los presentadores el marco para hablar con autenticidad, sin dejar de educar a los oyentes sobre la marca que querés promover.

No seas excesivamente cursi o coloquial. Por ejemplo, si estás escribiendo para **Mi Asesino Favorito**, no empieces el anuncio con "¿qué pasa asesinillos? Esta marca está matando a la competencia". Deja los chistes para los presentadores, y no los fuerces.

Recuerda que un anuncio viene desde del punto de vista del presentador, no del tuyo. Es el presentador el que habla directamente al oyente.

¿QUIÉN DEBE LEER LOS ANUNCIOS DE MI PODCAST?

Un estudio de Nielsen, encargado por *Spotify*, muestra que los anuncios de podcasts locutados por actores o productores son eficaces. Pero, ¿cuál es la situación adecuada para utilizar actores de voz de podcast en una campaña?

Los anuncios de lectura de anfitriones tienen una mayor conexión emocional con los oyentes.

Aunque ambos formatos de anuncios obtuvieron buenos resultados en general, los anuncios de lectura de presentador muestran un aumento significativo de la conexión emocional en comparación con los anuncios de locutores. ¿Por qué? Normalmente, los anuncios de lectura de presentador se basan en la confianza que el oyente comparte con ese presentador. Esa confianza emocional hace que los anuncios de lectura de presentador sean ideales para presentar una nueva marca o producto por primera vez. Se ha comprobado que los anuncios de lectura de presentador son más eficaces cuando duran entre 30 y 60 segundos.

Entonces, ¿cuándo se debe utilizar cada tipo de formato de anuncio en una campaña? Esto es lo que sugerimos:

1. Para dar a conocer el producto en la parte superior del embudo, es decir, el público que aún no lo necesita, hay que utilizar los anuncios de podcast de 30 segundos de duración.

El estudio de Spotify muestra que los anuncios de locutores son los mejores cuando el objetivo es impulsar los resultados de la parte superior del túnel, como la concienciación. Además, son ideales para escalar eficazmente entre las audiencias, los episodios y los programas de los podcasts.

2. Para contar una historia más larga e impulsar la reflexión, prueba los anuncios de 60 segundos de lectura del conductor. Para presentar una nueva marca, explicar el funcionamiento de un producto o simplemente para explicar la oferta durante más de 30 segundos, los anuncios de lectura de anfitrión son la mejor solución. Son más eficaces para crear una conexión emocional, contar historias atractivas y mejorar la experiencia del oyente cuando duran unos 60 segundos.

3. Para escalar una compra de podcasts, utiliza anuncios de locutores con redes de audiencia como la Red de Audiencia de *Spotify*. Si el objetivo es llegar a una audiencia específica a gran escala e impulsar los objetivos del embudo superior/medio, como la concienciación y la intención de compra, emplea anuncios de locución de 30 segundos adaptados a esa audiencia.

En resumen: no hay que descartar los anuncios de locutores profesionales. Más bien hay que analizar cada situación según convenga. Al final, lo que los anunciantes persiguen es llegar a una audiencia en un entorno en el que están prestando atención mientras transmiten los programas que les gustan. Tu misión es ayudarles a cumplir ese objetivo.

¿QUÉ LEER Y QUÉ NO EN UN ANUNCIO PARA TU PODCAST?

Puede que los anunciantes quieran captar tu estilo desenfadado, pero sobre todo quieren que captés bien las partes clave de su mensaje. En concreto:

Asegúrate de que el anunciante tiene todo lo que necesita de ti. Esto es especialmente importante si se trata de anuncios que requieren que pruebes un producto o servicio y luego incluyas tu experiencia personal en tu lectura. Por lo general, el anunciante necesitará tus datos de envío y tu preferencia de producto (si hay opciones para elegir). Envía esta información a los anunciantes con la mayor antelación posible para que tengan tiempo de enviarte el producto y solucionar cualquier problema si es necesario. No querrás que ese colchón de prueba aparezca en tu puerta el día después de haber grabado un anuncio de colchones.

Haz preguntas antes de grabar. Los anunciantes no quieren recibir un correo electrónico urgente que diga que necesitas una respuesta en los próximos diez minutos. Si tienes preguntas sobre un anuncio, el momento de hacerlas es horas, o preferiblemente días, antes de sentarte frente al micrófono. Intenta conseguir el texto de tu anuncio con al menos una semana de antelación y revísalo en cuanto lo recibas.

Escucha tus antiguos episodios. Si un anunciante quiere insertar anuncios en los programas de tu catálogo, es una buena práctica escuchar algunos de tus episodios anteriores en los que aparecerá el anuncio. Sus episodios de hace tres años pueden sonar muy diferentes a los de hoy, y revisar su archivo garantizará que el anuncio que grabe hoy no suene inconexo. Con el enorme aumento de los anuncios insertados dinámicamente, las solicitudes de campañas de catálogos anteriores y de creatividad renovada para campañas de larga duración no van a hacer más que aumentar, por lo que acertar con el tono adecuado en estos anuncios demostrará a los anunciantes que estás preparado y eres capaz de manejar el cambiante panorama.

Comprueba dos veces que has dado con todos los puntos necesarios en tiempo real. Ya sea un productor, un copresentador o incluso tú mismo, siempre debés tener a alguien que compruebe la lectura de tu anuncio con el texto mientras estás grabando. Asegúrate de seguir las instrucciones del anunciante al pie de la letra. Si el anunciante marca algo como obligatorio, inclúyelo en su lectura textualmente. Omitir un punto obligatorio puede ser motivo de una compensación, por lo que siempre debés comprobar que has acertado en todo antes de subir tu anuncio.

Por último... ¡diviértete! Tus oyentes vienen a tu programa por ti, así que saca todo lo que puedas de ti mismo en la lectura de tu anuncio.

¿CÓMO PRESENTARTE PARA QUE PUBLIQUEN TUS ARTÍCULOS?

¿Querés probar suerte con tus contenidos escritos y tratar de publicarlos a través de un medio tradicional? ¿Querés convertirte en una voz autorizada para hablar sobre un tema en específico? Muy bien. Habrás de escribir un correo dirigido hacia el reportero encargado de la sección donde querés que te publiquen. ¿No estás seguro de cómo escribirlo? Acá te doy algunos tips:

1. **Introducción sólida = Preséntate + expresa tu interés en escribir para la publicación (1-2**

frases como máximo). Nombre, ocupación, dónde estás radicado. Menciona y enlaza tus trabajos publicados más fuertes/relevantes y/o tu sitio web personal.

Ejemplo:

"Hola [nombre del editor], soy Fulano de tal, y soy periodista independiente de Lalaland. Mi trabajo ha aparecido en X, Y y Z, y me encantaría contribuir con XYZ".

¿Aún no tienes ningún trabajo publicado o un sitio web? Piensa en tus intereses o en tu experiencia laboral que puedan coincidir con la propuesta que deseas hacer y utilízalos a tu favor.

2. **Discurso de empoderamiento (pitch). (1 párrafo).** Tu *pitch* debe explicar de qué trata tu historia, quiénes son tus fuentes potenciales, por qué esto es relevante con esta publicación y sus lectores. Además, ofrece tu perspectiva sobre cómo abordarías esta historia. Si no eres capaz de describir tu idea de forma clara y sencilla en menos de un minutos o tres oraciones sencillas, ponte a leer y estudiar las descripciones de las series de televisión de tu servicio de streaming favorito y escoge las que más te llamen la atención. Analiza porqué te atraparon y trata de imitar su estructura narrativa para contar tu idea.

¿Querés una presentación aún más fuerte? Abrí tu párrafo haciendo referencia a algunas estadísticas, noticias o estudios relevantes. Incluye algunas estadísticas sobre el número de personas afectadas por tus temas de interés o señala cómo ciertas condiciones están directamente relacionadas con el grupo social que deseas tocar con tus palabras. Esto establece tu autoridad y demuestra que conoces tu tema. Si tu tema ya fue abordado, siempre podés proponer un artículo de seguimiento. Enlaza el artículo de la publicación y muéstrales cómo tu idea de artículo se complementa con la suya.

3. **Cierra el trato.** La mejor forma de cerrar un email es la más sencilla. podés decir algo como: "Hazme saber tu opinión sobre esto, estoy abierto a cualquier comentario. Muchas gracias". No olvides insertar tu saludo de despedida.

4. **Ten paciencia.** Si no has recibido respuesta en 1-2 semanas, haz un seguimiento. Si pasan de tu artículo, no te rindas. Hay otras publicaciones que sí desearán publicarte, sigue intentándolo. Reformule su propuesta si es necesario. Vuelve a la mesa de trabajo si es necesario.

¿SE PUEDE PREDECIR EL ÉXITO DE UN PODCAST CON SOFTWARE?

Sí, pero no. Es decir, se puede predecir el éxito de un podcast utilizando software cuando comparas los elementos que tienes a la mano con otros shows similares al tuyo y que han sido exitosos. Existen herramientas de análisis de podcast que pueden ayudarte a medir el rendimiento de tus episodios y mejorar tus estadísticas y desempeño. Por ejemplo, **Blubrry, Transistor, Castos, Podbean y Podtrac** son algunas de las herramientas de análisis de podcast más populares que puedes utilizar para medir el éxito de tu podcast.

Las herramientas de análisis de podcast funcionan mediante la recopilación y el análisis de datos de tus episodios de podcast. Estas herramientas pueden ayudarte a medir el rendimiento de tus episodios y mejorar tus estadísticas y desempeño. Cada herramienta tiene su propio conjunto de características y funcionalidades. Por ejemplo, algunas herramientas pueden ayudarte a rastrear el número de descargas, los tiempos de escucha, la ubicación geográfica de tus oyentes, la duración del episodio y la calidad del sonido.

Otras herramientas pueden proporcionarte información sobre la demografía de tus oyentes, como su edad, género y preferencias.

Las métricas más importantes para medir el éxito de un podcast pueden variar según el objetivo del podcast y la audiencia a la que se dirige. Sin embargo, algunas de las métricas más comunes que se utilizan para medir el éxito de un podcast son las siguientes:

1. **Número de descargas:** El número de descargas es una métrica importante que indica cuántas personas han descargado tu episodio. Esta métrica puede ayudarte a medir la popularidad de tu podcast y a identificar los episodios que tienen un mayor impacto en tu audiencia.

2. **Tiempo de escucha:** El tiempo de escucha es otra métrica importante que indica cuánto tiempo pasan tus oyentes escuchando tus episodios. Esta métrica puede ayudarte a identificar los episodios

que tienen una mayor retención de audiencia y a mejorar la duración y el contenido de tus episodios.

3. **Ubicación geográfica:** La ubicación geográfica es una métrica importante que indica dónde se encuentran tus oyentes. Esta métrica puede ayudarte a identificar las regiones donde tu podcast es más popular y a adaptar tu contenido para satisfacer las necesidades de tu audiencia.

4. **Calidad del sonido:** La calidad del sonido es una métrica importante que indica la calidad del audio en tus episodios. Esta métrica puede ayudarte a identificar los problemas técnicos en tus episodios y a mejorar la calidad del sonido para ofrecer una mejor experiencia auditiva a tus oyentes.

5. **Promoción y marketing:** La promoción y el marketing son métricas importantes que indican cómo estás promocionando y comercializando tu podcast. Estas métricas pueden ayudarte a identificar las estrategias de promoción y marketing más efectivas para llegar a tu audiencia y aumentar la popularidad de tu podcast.

Ahora, hay una cosa que deberás tener en consideración: los podcasts son productos unicos, con circunstancias que poco o nada pueden ser replicados. Es importante tener en cuenta que hay muchos factores que pueden influir en esto, como la calidad del contenido, la frecuencia de publicación, la duración del episodio, la calidad del sonido, la promoción y el marketing. También, incluiré en esto el tema de la suerte. Me refiero a esos golpes de popularidad que a algunos han llegado por que uno de su audios o videos se volvieron virales y eso les llevó a la fama. En esos casos, todo puede volverse relativo. Hay contenido basura por todos lados y sin embargo, su público considera que esos productos son la quintaescencia del desarrollo humano. Por otro lado, existen creadores de buen contenido cuyo nicho no es tan popular y su alcance es muy corto. ¿Entiende el punto? Lo que intento decir es que aunque estas herramientas pueden ayudarte a medir el rendimiento de tus episodios, pueden ayudate a general el éxito de tu podcast, pero depende de ti darle una definicón al concepto.

¿QUÉ PASA SI YA NO DESEO PRODUCIR MI PODCAST?

La verdad es que no pasa nada. Como productor de podcasts, es posible que te hayas preguntado si hay buenas razones para dejar tu podcast. La respuesta es sí, hay varias razones por las que podrías considerar dejar tu podcast.

La primera razón es que ya no disfrutas hacerlo. Si tu podcast se ha convertido en una carga o en una tarea aburrida, entonces es posible que debas considerar dejarlo. Después de todo, ¿por qué hacer algo que ya no disfrutas? A esto se le conoce como podfading en el mundillo local. Es una tendencia que suele afectar a algunos productores que comenzaron con metas poco claras sobre su programa y metieron toda la carne al asador solo para darse cuenta a los pocos episodios que el trabajo que esta actividad implica es muy complejo. Lo mejor es tomártelo todo con calma y pensar bien tus estrategias de producción de contenidos.

Otra razón para dejar tu podcast es cuando deja de ser divertido. Si lo haces por la fama y la fortuna, es muy probable que te quemes enseguida. Si no estás disfrutando el proceso de hacer tu podcast, entonces es posible que debas reconsiderar tus objetivos y motivaciones.

En resumen, hay varias buenas razones para dejar tu podcast. Si ya no disfrutas hacerlo o si ha dejado de ser divertido, entonces es posible que debas considerar dejarlo. Recuerda que el objetivo de hacer un podcast debe ser divertirse y compartir tus ideas con el mundo. Si eso no te complementa, ahí tienes un par de banderas rojas a las que prestar atención.

Si estás teniendo dificultades para manejar la carga de trabajo que implica la producción de un podcast, contratar los servicios de un editor freelancer puede ser una buena opción. Un editor puede ayudarte a quitar peso de los hombros y devolverte tiempo para concentrarte en actividades creativas o de menos complejidad.

Es importante tener en cuenta que hay muchos servicios de podcast que se pueden encontrar en línea, pero no todos son iguales. Algunos editores pueden tomar decisiones sobre el contenido que se queda o se va, mientras que otros se limitan a cortar los "uhms/ahs/

errores". Es importante discutir tus necesidades y expectativas con tu editor antes de contratar sus servicios.

Además, es posible que desees preguntar si el editor te indicará la fecha y hora de lo que se corta o conserva. También es posible que desees preguntar si el editor subirá el episodio por ti, así como las notas del programa.

En cuanto a los precios, algunos editores cobran por hora, mientras que otros tienen paquetes mensuales o precios por episodio. Es importante discutir los precios y los términos antes de contratar a un editor.

Por último, estar en la misma zona horaria que tu editor puede ser muy útil si tienes que realizar una edición de última hora o solicitud antes de que tu episodio se emita. Asegúrate de discutir esto con tu editor antes de contratar sus servicios.

Hay varias formas de encontrar un buen editor de podcasts. Aquí te presento algunas opciones:

1. **Pregúntale a otros podcasters:** Si conoces a otros podcasters, es posible que puedan recomendarte un buen editor. Puedes preguntar en grupos de Facebook o LinkedIn para podcasters, o en foros en línea.

2. **Busca en línea:** Hay muchos sitios web que ofrecen servicios de edición de podcasts. Algunos sitios populares incluyen Upwork, Fiverr y Freelancer. Asegúrate de leer las

reseñas y comentarios antes de contratar a alguien.

3.   **Pide recomendaciones:** Puedes pedir recomendaciones en grupos de Facebook o LinkedIn para podcasters, o en foros en línea. También puedes preguntar a amigos y familiares si conocen a alguien que pueda ayudarte.

4. **Contrata a un editor de audio:** Si no puedes encontrar un editor de podcasts, también puedes considerar contratar a un editor de audio. Muchos editores de audio tienen experiencia en la edición de podcasts y pueden ayudarte a producir un podcast de alta calidad. Sobre este punto, como te he en otros apartados, si buscas un editor o productor para tu podcast, no dudes en contactarme.

AUDIOLIBROS VS PODCASTS: DIFERENCIAS Y COINCIDENCIAS

A estas alturas del juego, sabrás que hay un auge en el desarrollo del contenido auditivo. Parte de este boom es el crecimiento de la demanda de audiolibros. Pero, ¿en qué se diferencian con los podcasts?

Un podcast es un programa de audio que se distribuye en línea y se puede descargar o transmitir a través de Internet. Los podcasts suelen ser episódicos y cubren una variedad de temas, desde noticias y política hasta entretenimiento y comedia. Los podcasts también pueden ser producidos por cualquier persona con acceso a un micrófono y una conexión a Internet, lo que significa que hay una gran variedad de contenido disponible.

Por otro lado, un audiolibro es una grabación

de un libro leído en voz alta. Los audiolibros se pueden descargar o transmitir a través de Internet, pero también están disponibles en CD y otros formatos físicos. Los audiolibros suelen ser producidos por editores de libros y narrados por actores profesionales o autores.

En cuanto a las similitudes, tanto los podcasts como los audiolibros son formatos de audio que se pueden escuchar en línea o descargar para escuchar más tarde. Ambos también son populares entre las personas que disfrutan de la narración oral y el contenido de audio.c

La producción de un audiolibro es diferente a la producción de un podcast en varios aspectos técnicos. A continuación, se presentan algunas de las diferencias más notables:

1. **Narración:** En un audiolibro, la narración es una parte fundamental del proceso de producción. La narración debe ser clara, precisa y fácil de entender para el oyente. Por otro lado, en un podcast, la narración puede ser más informal y menos estructurada.

2. **Edición:** La edición es un proceso importante tanto en la producción de audiolibros como en la producción de podcasts. Sin embargo, en un audiolibro, la edición se centra principalmente en la eliminación de errores y en la mejora de la calidad del sonido. En un podcast, la edición puede ser más creativa y utilizarse

para agregar efectos de sonido, música y otros elementos.

3. **Formato:** Los audiolibros suelen tener un formato más estructurado que los podcasts. Los audiolibros suelen seguir el formato del libro original, con capítulos y secciones claramente definidos. Por otro lado, los podcasts pueden ser más libres en cuanto a su formato y estructura.

4. **Duración:** Los audiolibros suelen ser más largos que los podcasts. Los audiolibros pueden durar varias horas o incluso días, mientras que los podcasts suelen durar entre 30 minutos y una hora.

5. **Producción:** La producción de un audiolibro suele ser más costosa que la producción de un podcast debido a los costos asociados con la narración profesional y la edición de alta calidad. Por otro lado, los podcasts pueden ser producidos por cualquier persona con acceso a un micrófono y una conexión a Internet.

Por si fuera poco, para que un audio de un audiolibro sea aceptado en distribuidores como Amazon, debe cumplir con ciertos requisitos técnicos. A continuación se presentan algunos de los requisitos más comunes:

1. Formato de archivo: El archivo de audio debe estar en formato MP3 o M4B.

2. Calidad del sonido: El audio debe tener una calidad de sonido clara y nítida. Amazon recomienda una tasa de bits de al menos 64 kbps y una frecuencia de muestreo de 44,1 kHz .

3. Duración: La duración del audiolibro debe ser de al menos 1 hora y no más de 24 horas .

4. Contenido: El contenido del audiolibro debe ser original y no infractor.

5. Metadatos: Los metadatos del audiolibro, como el título, el autor y la descripción, deben ser precisos y completos.

PALABRAS FINALES

Pajarito, pajarita:

Quiero agradecerte por la confianza que me has dado al leer este libro. Te felicito por dar el primer paso en lo que estoy seguro será una gran aventura.

Sé que puede ser difícil comenzar algo nuevo, especialmente cuando no sabes exactamente cómo va a resultar. Pero no te preocupes, ¡todos hemos estado ahí! Lo importante es seguir adelante y no dejarse vencer por la rutina. Recuerda que cada episodio es una oportunidad para aprender algo nuevo y mejorar tu contenido.

No te preocupes por los detalles técnicos que habrás de aprender en tu actividad podcastera. Poco a poco irás asimilando ese conocimiento. Lo importante es saber que cada quien debe ir a su ritmo y que no todos los primeros episodios siempre son los más hermosos. Muchos de los grandes nombres de hoy en el podcasting comenzaron horrible. Se equivocaron con recurrencia, pero su perseverancia es lo que les llevó a estar donde hoy los vemos.

Independientemente de si tu trabajo se vuelve remunerado o no, quiero que sepas que es una gran aventura que está llena de gratos aprendizajes. No te rindas, sigue adelante y verás cómo poco a poco irás mejorando.

Si necesitas más ayuda o tienes alguna otra pregunta, no dudes en llamar: murcia.diego@gmail.com.

¿Querés producir un podcast profesional, pero no tenés tiempo ni conocimientos para hacerlo? ¡No te preocupés! Soy un productor de podcasts con experiencia, y puedo ayudarte a crear y distribuir tu podcast de forma eficiente y asequible.

Como productor de podcasts, te ahorro tiempo y dinero al cuidar de todos los aspectos técnicos de la producción de tu podcast. Desde la edición del audio, la creación de guiones y la identidad del podcast hasta la grabación y distribución de los episodios, te aseguro un resultado profesional y de alta calidad.

Ofrezco diferentes paquetes de servicios para satisfacer tus necesidades y presupuesto. Por ejemplo, mi paquete básico incluye la edición del audio, la creación de la identidad del podcast y la grabación de los episodios. Si necesitas ayuda para crear guiones, también ofrezco un paquete que incluye la asesoría y el apoyo para escribir contenido atractivo y relevante para tus oyentes. Puedes ver un listado de mis servicios y sus respectivos precios en esta dirección web: bitextuales.com/precios/

No pierdas más tiempo luchando por producir tu podcast por tu cuenta. Con mi ayuda, podés centrarte en la creación de contenido valioso y dejar que me encargue del resto. ¡Contáctame hoy mismo para programar una sesión de consultoría y empezar a producir tu podcast con confianza! Escribime a murcia.diego@gmail.com.

¡Saludos cordiales!